Edition Governance

Tugenden eines ehrbaren Aufsichtsrats

Leitlinien für nachhaltiges Erfolgsmanagement

von
Rudolf X. Ruter

ERICH SCHMIDT VERLAG

Bibliografische Information der Deutschen Nationalbibliothek
Die Deutsche Nationalbibliothek verzeichnet diese Publikation in der Deutschen
Nationalbibliografie; detaillierte bibliografische Daten sind im Internet über
http://dnb.d-nb.de abrufbar.

Weitere Informationen zu diesem Titel finden Sie im Internet unter
ESV.info/978 3 503 16562 9

Gedrucktes Werk: ISBN 978 3 503 16562 9
eBook: ISBN 978 3 503 16561 2
ISSN 2365-3825

Alle Rechte vorbehalten
© Erich Schmidt Verlag GmbH & Co. KG, Berlin 2016
www.ESV.info

Dieses Papier erfüllt die Frankfurter Forderungen
der Deutschen Nationalbibliothek und der Gesellschaft für das Buch
bezüglich der Alterungsbeständigkeit und entspricht sowohl den
strengen Bestimmungen der US Norm Ansi/Niso Z 39.48-1992
als auch der ISO Norm 9706.

Gesetzt aus Garamond, 12pt/15pt

Satz: Tozman Satz & Grafik, Berlin
Druck und Bindung: Hubert & Co., Göttingen

Copyright NEL (Ioan Cozacu) (* 27. Juni 1953 in Cluj-Napoca, Rumänien) ist seit 1984 als freischaffender Cartoonist und Buchillustrator tätig und gehört zu den bekanntesten Karikaturisten Deutschlands. Wiedergabe mit freundlicher Genehmigung des Künstlers

VORWORT

Für die Mehrzahl der Führungskräfte und Verantwortungsträger in unserer Wirtschaft ist es selbstverständlich im täglichen Geschäftsleben Werte zu leben. Auch wenn aktuell immer öfter Medien eher das Bild vom gierigen, unsozialen und unanständigen Manager in ihren Schlagzeilen verbreiten. Sich als Führungskraft anständig zu verhalten, macht Sinn. Nur wenn sich alle Mitarbeiter, Führungskräfte, Vorstände, Aufsichtsräte / Beiräte und Eigentümer / Gesellschafter eines Unternehmens anständig gegenüber ihren Stakeholdern (nach innen und außen in alle Richtungen wie v. a. Kunden, Lieferanten, Geschäftspartnern, Öffentlichkeit) verhalten, wird das Unternehmen selbst langfristig wirtschaftlichen und nachhaltigen Erfolg haben. Klare Sinn- und Werte-Orientierung ist sowohl für alle Akteure als auch für das Unternehmen selbst als Fundament und Voraussetzung für ein nachhaltiges Erfolgsmanagement gefragt.

Dieser Band soll Leitlinien zur Chancen-Verbesserung für ein persönliches und nachhaltiges Erfolgsmanagement aufzeigen und richtet sich nicht nur an

Aktionäre / Eigentümer / Gesellschafter, Vorstände / Geschäftsführer, Führungskräfte. Vor allem Aufsichtsräte / Beiräte / Stiftungsräte werden adressiert. Das eigene Verhalten und die eigene Haltung stehen im Vordergrund mit konkreten Hinweisen für das wirksame Einbinden und Sicherstellung einer nachhaltigen Unternehmensführung. Es handelt von dem eigenen Werte-Kanon und den persönlichen Vorstellungen unternehmerischen Handelns. Welches Vorbild will ich geben? Welche Werte will ich leben? Welche Sinn- und Werte-Orientierung benötigt ein erfolgreiches Unternehmen?

Dieser Band ist weitgehend frei von rechtlichen Vorschriften wie Gesetzen, Verordnungen, Paragrafen und Rechtsprechungen. Er enthält auch keine mehr oder weniger wissenschaftlichen Führungslehren oder sonstige praxisnahe oder -ferne Theorien.

Dieser Band richtet sich an Jederfrau und Jedermann besonders als Mandatsträger in einem Aufsichtsgremium (als Aufsichtsrats-Vorsitzender, als Ausschuss-Vorsitzender und insbesondere als ›einfaches‹ Aufsichtsratsmitglied). Der Band appelliert an den einfachen, erfahrungsbezogenen Verstand des Menschen und fordert dessen natürliches Urteilsvermögen (gleich umgangssprachlich: ›gesunder Menschenverstand‹) heraus. Er soll den Leser selbst im Sinne eines nachhaltigen Erfolgsmanagements in seiner alltäglichen, ehrbaren Aufsichts-

oder Beiratsarbeit unterstützen und ihm und seinem zu überwachenden und zu beratenden Unternehmen von Nutzen sein. ›Ehrbares Agieren‹, im Sinne von ethisch anständigem und gesellschaftlich verantwortlichem Handeln des Aufsichtsrats.

Der Begriff ›Aufsichtsrat‹ wird in diesem Band synonym benutzt für alle Mitglieder eines überwachenden und beratenden Aufsichtsgremium (v. a. Aufsichtsrat, Beirat und Stiftungsrat).

Gedankliche Grundlage sind jahrtausend Jahre alte theologische und philosophische Erfahrungen und Erfolge, die im Wesentlichen auf zwei Grundprinzipien beruhen: Regeln und Tugenden als Verhaltensstandards und Leitplanken, die für alle gleichermaßen gelten. Anhand der sieben magischen Tugenden wird eine Sinn- und Werte-Orientierung sowohl für das Gremium als auch für jedes einzelne Mitglied eines Aufsichtsrats aufgezeigt. Auf Darstellungen von mehr oder weniger bekannten negativen Beispielen aus dem Bereich der unternehmerischen Todsünden eines Aufsichtsrats wurde bewusst verzichtet. Sollte der Leser sich dafür mehr interessieren, muss er auf andere Publikationen bzw. auf die täglichen Meldungen in den bekannten Medien zurückgreifen.

Der Band versucht kurz und prägnant Leitlinien und Orientierungspunkte für den ehrbaren Aufsichtsrat und seiner Aufsichtsverantwortung aufzuzeigen. Leitplanken in Anlehnung historisch überlieferter, allseits bekannter, im Alltag aber nicht immer bewusst gelebter Tugenden – ohne philosophischen Diskurs, ohne Rangfolge, Gewichtung, Wettkampf der Tugenden untereinander oder gar ›Tugend-Terror‹ auszulösen. Leitlinien ohne wissenschaftliche Begründung und Ableitung ihrer tatsächlichen Bedeutungen in unterschiedlichen privaten und unternehmerischen Lebenssituationen.

Angereichert mit mehr oder weniger ernst zu nehmenden Weisheiten (insg. mehr als 60 Aphorismen, Sprüche, Zitate – siehe Namensregister von A – Z) soll dieser Band inspirieren und hoffentlich leicht und mit einem Schmunzeln lesbar sein. Beim ersten Mal genauso wie beim wiederholten Gebrauch sollen Gedanken stimuliert werden, die es einem Aufsichtsrat erleichtern, seine Ehrbarkeit zu leben, zu dokumentieren und durchzusetzen.

Die Fundstellen und Quellen aller zitierten Namen und Zitate können direkt im Internet mit Hilfe der Suchfunktion nachgelesen werden. Auf weiterführende Literaturhinweise wurde aufgrund der bisher erschienenen, zahlreichen Publikationen und Schriften zum Thema verzichtet. Ausreichend weiteres ›Lesefutter‹ zur Vertiefung der eigenen Gedanken kann kostenlos der Homepage des Autors (www.ruter.de) entnommen werden.

Der Band liefert keine Patentrezepte, keine endgültigen Wahrheiten oder gar Zauberformeln. Oder wie der deutsche Schriftsteller Joachim Ringelnatz (1883–1934) es formulierte: »Der Stein der Weisen sieht dem Stein der Narren zum Verwechseln ähnlich«. Der Band steht auch nicht in Konkurrenz oder gar im Verdrängungswettbewerb mit bestehenden und gerade noch fertig zu entwickelten neuen Managementtheorien und -systemen.

Diversity-and-Inklusiveness-Gedanken und -Entwicklungen haben dergestalt Einzug gefunden als das mit dem Begriff ›Ehrbarer Aufsichtsrat‹ jederzeit und selbstverständlich auch die ›Ehrbare Aufsichtsrätin‹ gemeint ist.

Stuttgart, September 2015　　　　　　　　*Rudolf X. Ruter*

»Ein Mensch war eigentlich ganz klug,
und schließlich doch nur klug genug,
um einzusehen, schmerzlich klar,
wie blöd er doch im Grunde war!

Unsäglich zwischen beiden Welten,
wo Weisheit und wo Klugheit gelten,
ließ seine Klugheit er verkümmern
und zählt nun glücklich zu den Dümmern.«

Eugen Roth (1895–1976),
deutscher Lyriker

INHALTSVERZEICHNIS

Vorwort. 7
Abkürzungsverzeichnis 21

**Kapitel A – Werte-Orientierung
und nachhaltige Unternehmensführung**. 23
I. Sinn- und Werte-Orientierung. 25
   1. Reputation und Persönlichkeit 25
   2. ›Spielregeln‹ 26
   3. Persönlicher Werte-Kanon 27
II. Nachhaltige Unternehmensführung. 28
III. Der Aufsichtsrat als Garant eines
    nachhaltigen Erfolgsmanagement. 29

Kapitel B – Was ist ein ehrbarer Aufsichtsrat? . 35
I. Ethik und Ehre und ehrbarer Aufsichtsrat . 37
   1. Ethik 37
   2. Ehre 37
   3. Ehrbarer Aufsichtsrat 38
II. Aufsichtsratstätigkeiten sind
    keine Ehrenämter. 39
III. Der ehrbare Aufsichtsrat als Hüter
    der Corporate Governance. 39

Inhaltsverzeichnis

Kapitel C – Was sind Tugenden? 45
I. Führung ist Kunst 47
II. Allgemeine Werte des Lebens sind gefragt . 47
    1. Sieben Tugenden 49
    2. Sieben Todsünden 51
III. Der ehrbare Aufsichtsrat als oberster Wächter der Werte und der Ethik 53

Kapitel D – Tugenden müssen vorgelebt werden 57
I. Tone at the Top 59
II. Mangel an Gelegenheit ist noch keine Tugend 60
III. Der ehrbare Aufsichtsrat setzt die Leitlinien 61

Kapitel E – Tugend 1 – Tapferkeit / Mut 67
I. Was bedeutet Tapferkeit / Mut? 69
II. Was bedeutet diese Tugend für den ehrbaren Aufsichtsrat? 70
    1. Jeder fragt engagiert nach 70
    2. Jeder will entscheiden 71
    3. Jeder spricht Falschentwicklungen an . 71
    4. Jeder übernimmt gesellschaftliche Verantwortung 72
    5. Jeder akzeptiert innere und äußere Reflexion 72

Kapitel F – Tugend 2 – Mäßigung / Besonnenheit 77
I. Was bedeutet Mäßigung / Besonnenheit? . 79
II. Was bedeutet diese Tugend für den ehrbaren Aufsichtsrat? 80
   1. Jeder beschränkt sich auf seine wesentlichen Aufgaben 80
   2. Jeder strebt einen transparenten Informationsfluss an.............. 81
   3. Jeder ist konflikt- und konsensfähig.. 82
   4. Jeder kann auch ›NEIN‹ sagen 82
   5. Jeder kennt den Unterschied zwischen legal und legitim 83

Kapitel G – Tugend 3 – Klugheit / Weisheit ... 87
I. Was bedeutet Klugheit / Weisheit? 89
II. Was bedeutet diese Tugend für den ehrbaren Aufsichtsrat? 90
   1. Jeder kennt die ›Spielregeln‹ 90
   2. Jeder kann Zuhören 91
   3. Jeder ist neugierig und innovativ 92
   4. Jeder hat ein ausreichendes Zeitbudget . 92
   5. Jeder akzeptiert lebenslanges internes und externes Lernen 93

Kapitel H – Tugend 4 – Gerechtigkeit / Haftung 97
I. Was bedeutet Gerechtigkeit / Haftung?... 99
II. Was bedeutet diese Tugend für den ehrbaren Aufsichtsrat? 100

1. Jeder sorgt für gerechte ›Spielregeln‹ .. 100
2. Jeder ist für Compliance verantwortlich 100
3. Jeder ist für die ›Enkelfähigkeit‹ verantwortlich 102
4. Jeder zeigt Bereitschaft zur Evaluation 102
5. Jeder akzeptiert seine persönliche Haftung 103

Kapitel I – Tugend 5 – Glaube / Vertrauen 107
I. Was bedeutet Glaube / Vertrauen? 109
II. Was bedeutet diese Tugend für den ehrbaren Aufsichtsrat? 110
1. Jeder akzeptiert Vertrauen 110
2. Jeder hält seine Versprechungen ein .. 111
3. Jeder investiert in seine Vertrauenswürdigkeit 112
4. Jeder achtet Vertrauen als einen Vermögenswert 112
5. Jeder kennt die Grenzen von Vertrauen . 113

Kapitel K – Tugend 6 – Hoffnung / Zukunft .. 117
I. Was bedeutet Hoffnung / Zukunft? 119
II. Was bedeutet diese Tugend für den ehrbaren Aufsichtsrat? 120
1. Jeder hat ein zukunftsfähiges Führungsverhalten 120
2. Jeder übernimmt unternehmerische Verantwortung 121

    3. Jeder setzt sich für ein Nachhaltigkeitsmanagement ein 122
    4. Jeder erlaubt auch eine Fehlerkultur .. 122
    5. Jeder unterstützt das Risiko- und Integritätsmanagement............ 123

Kapitel L – Tugend 7 – Liebe / Respekt 127
I. Was bedeutet Liebe / Respekt? 129
II. Was bedeutet diese Tugend für den ehrbaren Aufsichtsrat? 130
    1. Jeder respektiert jeden 130
    2. Jeder liebt und begeistert sein Unternehmen 131
    3. Jeder ist verschwiegen............ 132
    4. Jeder investiert in Menschen 132
    5. Jeder lebt seine persönliche Diszplin . 133

Kapitel M – Wir können stolz auf unsere ehrbaren Aufsichtsräte sein................ 137

Namensregister 149
Angaben zum Autor 153

ABKÜRZUNGS-VERZEICHNIS

bspw.	beispielsweise
bzw.	beziehungsweise
d. h.	das heißt
DCGK	Deutscher Corporate Governance Kodex in der Fassung vom 5. Mai 2015
etc.	etcetera
e. V.	eingetragener Verein
insg.	insgesamt
i. S.	im Sinne
inkl.	inklusive
insb.	insbesondere
u. a.	unter anderem
v. a.	vor allem
vgl.	vergleiche
v. Chr.	vor Christus
z. B.	zum Beispiel

KAPITEL A

Werte-Orientierung und nachhaltige Unternehmensführung

»Gedacht ist noch nicht gesagt.
Gesagt ist noch nicht gehört.
Gehört ist noch nicht verstanden.
Verstanden ist noch nicht einverstanden.
Einverstanden ist noch nicht angewendet.
Angewendet ist noch nicht beibehalten!«

Konrad Zacharias Lorenz (1903–1989),
österreichischer Zoologe

I. Sinn- und Werte-Orientierung

1. *Reputation und Persönlichkeit*

Reputation und Persönlichkeit sind die Basis für Authentizität, Integrität und Aufrichtigkeit einer glaubwürdigen und verlässlichen Führungskraft, der man jederzeit vertrauen kann. »Es ist besser, Zeit zu verlieren, als den Charakter« sagt ein jamaikanisches Sprichwort.

Die eigene persönliche Reputation heute und langfristig ist der erfolgsreichen Führungskraft genauso wichtig, wie das Ansehen und Integrität seines Unternehmens. Alfred Herrhausen (1930–1989), ehem. Vorstandssprecher Deutsche Bank, hat es wie folgt formuliert:

> »*Man muss das, was man denkt auch sagen,*
> *man muss das, was man sagt, auch tun,*
> *man muss das, was man tut, dann auch sein.*«

Oder: ›Think straight – talk straight‹ bzw. ›promise & deliver‹ wie wir heute in unserer neu-deutschen Kurzsprache sagen würden. Die Vertrauenswürdigkeit eines Geschäftsmanns misst sich an der Verlässlichkeit den

Wirtschaftspartnern gegenüber. Dies gilt auch und erst recht für Aufsichtsräte.

2. ›Spielregeln‹

Albert Camus (1913–1960) französischer Philosoph fasst prägnant zusammen »Integrität braucht keine Regeln«. Allerdings ist es – wie so oft im Leben – manchmal besser, wenn man ›die Leitplanken seiner eigenen Anständigkeit‹ gelegentlich noch einmal nachlesen kann. Die moderne Unternehmensethik setzt auf ›Spielregeln‹. Wo finden sich nun die Regeln für persönlichen Halt und Orientierung im raschen Wandel der Zeit? Welche Fundquellen können als ›werte‹-volle Orientierung herangezogen werden? Welche der zahlreichen Hilfen für eine persönliche Sinn- und Werte-Orientierung sind tauglich für das Alltagsgeschäft bzw. für die besonderen Aufgaben und Verantwortlichkeiten eines Aufsichtsrats? Welche sind für ein nachhaltiges, moralgeleitetes Handeln zu bevorzugen? Welche zu vernachlässigen? Hier eine unvollständige und nicht priorisierte Auswahl solcher ›Nachschlagewerke‹:

- Deutscher Corporate Governance Kodex
- Zehn Prinzipien des Global Compact der Vereinigten Nationen
- Leitbild für verantwortliches Handeln in der Wirtschaft

- Deutscher Nachhaltigkeits-Kodex des Rats für nachhaltige Entwicklung
- 10 Gebote für Unternehmer des bku (Bund katholischer Unternehmer e.V.).

Sowie alle internen unternehmerischen, schriftlich niedergelegten Richtlinien und Vorschriften wie Reputations- und Wertemanagement, Leitbilder, Code of Ethics, Verhaltensrichtlinien für z. B. Hospitality, Risiko- und Integrationsmanagement.

3. Persönlicher Werte-Kanon

Es gibt zahlreiche Werte und Werte-Managementsysteme in Wissenschaft und in Praxis wie zum Beispiel Leistungswerte (wie z. B. Qualität, Nutzen, Innovationsorientierung), Kommunikationswerte (wie z. B. Verständigung, Achtung, Zugehörigkeit), Kooperationswerte (wie z. B. Konfliktfähigkeit, Teamgeist, Loyalität, Glaubwürdigkeit) oder moralische Werte (wie z. B. Anständigkeit, Ehrlichkeit, Integrität, Fairness). Die Frage aller Fragen lautet: »Welche Werte sind mir als Führungskraft – privat und beruflich – am wichtigsten? Mit welchen eigenen Werte-Vorstellungen will ich überwachen und beraten? Wie ist meine Einstellung z. B. zu pro-aktiven Bilanzgestaltungen, Arbeitsplatzabbau, Kartellabsprachen und modernen Steuersparmodellen? Wie finde ich werte-orientierte Lösungen auf aktuelle Probleme? Welche eigene Haltung erlaubt mir eine eigene Perspektive und sichere Bewertung der Dinge?

II. Nachhaltige Unternehmensführung

Nachhaltige Unternehmensführung ist ein langfristig ausgerichtetes, wertebasiertes und gegenüber Mensch und Umwelt Verantwortung forderndes, gelebtes Konzept!

Diese transparente, verantwortungsvolle und nachhaltige Unternehmensführung gewinnt zunehmend einen immer höheren gesellschaftlichen Stellenwert. Die gesellschaftliche Aufgabe von Unternehmen, Wertschöpfungsprozesse im Sinne eines individuellen und gemeinsamen verantwortlichen Handelns zu organisieren, wird tagtäglich von vielen Stakeholdern – insbesondere der Öffentlichkeit – aktiv eingefordert und kritisch hinterfragt. Gewinn ist nicht alles.

Zum Erhalt bzw. Wiederherstellen von Vertrauen und Glaubwürdigkeit ist daher eine nachhaltige Unternehmensführung langfristig für die gesellschaftliche Akzeptanz im Sinne einer »licence to operate« unabdingbar. Das erfordert aber vor allem Mut zur Verantwortung von allen Akteuren.

Werte-Orientierung und nachhaltige Unternehmensführung

Nachhaltige Unternehmensführung kann nur mit zukunftsfähigem Führungsverhalten erreicht werden. Entscheidungen sollen ausschließlich auf der Basis einer Reflexion von vereinbarten Werten zum Erhalt des Unternehmens unter Berücksichtigung gegenwärtiger und zukünftiger Risiken getroffen werden.

Nachhaltigkeit ist Sache von allen die in und mit einem Unternehmen arbeiten. Oder wie es der deutsche Manager Helmut Maucher (*1927) formulierte: »Nachhaltigkeit wird dann im Unternehmen verankert, wenn sich die gesamte Führung eindeutig und klar hinter dieses Konzept stellt und auch in der täglichen Führung darauf achtet«.

III. Der Aufsichtsrat als Garant eines nachhaltigen Erfolgsmanagement

Der Begriff ›Aufsichtsrat‹ wird in diesem Band synonym benutzt für alle Mitglieder eines überwachenden und beratenden Aufsichtsgremium (v. a. Aufsichtsrat, Beirat und Stiftungsrat). Der Aufsichtsrat muss durch ein aktives (Nach-) Fragen sicherstellen, dass er die wesentlichen ethischen Leitplanken und Werte-Vorstellungen des Unternehmens kennt und akzeptiert. So kann er ›in Augenhöhe‹ mit den Führungskräften und den Aktionären / Eigentümern / Gesellschaftern die wesentlichen

Entscheidungen und deren Auswirkungen diskutieren, nachvollziehen, selbstständig beurteilen, mitentscheiden und mitverantworten. So kann er sich als Sparringspartner des Vorstands intensiv mit der Geschäftsstrategie und der Nachhaltigkeit des Unternehmens auseinandersetzen.

Der ehrbare Aufsichtsrat macht sich Nachhaltigkeit zu seiner eigenen, persönlichen Angelegenheit und findet u. a. die Antworten auf folgende Fragen:
- Wie sind unsere Werte-Orientierung und unser Unternehmensleitbild im täglichen Agieren integriert?
- Enthält unsere Corporate Governance eine Nachhaltigkeitsorientierung?
- Wie lautet unser unternehmerisches Verständnis der Nachhaltigkeit?
- Wie sieht unser unternehmerisches Nachhaltigkeitsmanagement aus?
- Wie lauten unsere konkreten Nachhaltigkeitsziele im Unternehmen?
- Ist Nachhaltigkeit der wesentliche Bestandteil unserer Unternehmensstrategie?
- Sind kurzfristige und strategische Produkt- und Marktziele abgestimmt?
- Wie lautet unser unternehmerisches Reputations- und Risikomanagement?
- Wofür fühlen wir uns verantwortlich und wofür ist unser Unternehmen verpflichtet?

Die Kernfrage lautet: ist unser Unternehmen glaubwürdig? Ist unsere Nachhaltigkeitsberichterstattung glaubwürdig oder nur ›Greenwashing‹? Wo werden z. B. Chancengleichheit, Diversity Management, Identifizierung von relevanten Anspruchsgruppen, Klima- und demografischer Wandel, Product Carbon Footprint, Wasser, Energieeffizienz, Ressourceneinsparung in unserem Unternehmen dokumentiert und kommuniziert?

Verantwortung für wirtschaftliches Wachstum bedeutet auch Verantwortung für die Verbesserung der Lebensbedingungen. Durch aktives Fragen stellt der ehrbare Aufsichtsrat sicher, dass er – genauso wie die Führungskräfte im Unternehmen – diese Fragen und Antworten auch versteht, um sie somit selbstständig beurteilen zu können. Dadurch wird er nicht nur zum Bestandteil sondern zu ›dem‹ Garant eines nachhaltigen Erfolgsmanagement. D. h. in den Worten von Günther Bachmann, Generalsekretär Rat für Nachhaltige Entwicklung: »Nachhaltigkeit ist Sache von allen, die in und mit einem Unternehmen arbeiten. Die Führung hat eine besondere Verantwortung. In einer Situation, wo der Begriff der Nachhaltigkeit in aller Munde ist und viele damit Vieles meinen, aber auch Vieles im Unklaren bleibt, bedeutet diese Verantwortung, dass Nachhaltigkeit inhaltlich konsequent mit neuen Ideen und verbindlich ausgefüllt wird«.

»Nach einem positiven Wertekodex zu handeln und sich in gesellschaftliche Belange einzumischen, ist nicht nur eine Frage der Moral, sondern auch der ökonomischen Klugheit«

Arend Oetker (*1939),
deutscher Unternehmer

KAPITEL B

Was ist ein ehrbarer Aufsichtsrat?

»Es gibt drei Arten von Gütern für den Menschen auf dieser Welt: das Nützliche, das Angenehme und das Ehrenhafte, und wir werden zu allem Unterfangen und zu allem Tun durch eines dieser drei Mittel angeregt: entweder durch den Nutzen oder durch das Vergnügen oder durch die Ehrbarkeit.«

Franz von Sales (1567–1622),
französischer Theologe

I. Ethik und Ehre und ehrbarer Aufsichtsrat

1. Ethik

Die Ethik (griechisch ›das sittliche Verständnis‹) beschäftigt sich mit dem menschlichen Handeln und der dahinterstehenden Moral. Anders ausgedrückt: die Ethik gibt uns Leitplanken für unser tägliches Tun. Und es gibt viele Leitplanken. Eine immer öfter zitierte Leitplanke lautet: »Was legal ist, ist nicht immer auch legitim«. Dies gilt natürlich und zu allererst für den ehrbaren Geschäftsmann.

2. Ehre

Die Brockhaus-Enzyklopädie beschreibt Ehre »als die Anerkennung unserer persönlichen Werte durch andere Menschen bzw. die Anerkennung unserer Person und unseres Verhaltens durch unser eigenes Gewissen (äußere und innere Ehre)«. Durch Worte und Handlungen aufgrund geschätzter Tugenden im mitmenschlichen

Zusammensein wachsen die Achtung gegenüber einer Person und sein guter Ruf. Die Gemeinschaft schätzt ihn als ehrbaren Geschäftsmann.

3. Ehrbarer Aufsichtsrat

In Anlehnung an eine Definition von Daniel Klink zum ›Ehrbaren Kaufmann‹ könnte man diesen wie folgt beschreiben: Der »ehrbare Aufsichtsrat« sieht Moral und Wirtschaftlichkeit nicht als Gegensatz, sondern als Bedingung. Wirtschaftlichkeit bedeutet das Schaffen nachhaltiger Werte.

Das Handeln als Unternehmer steht im Einklang mit der Gesellschaft und erfordert neben wirtschaftlichem Fachwissen und der Ausprägung einer verantwortlichen Persönlichkeit eine umfangreiche humanistische Bildung. Konkreter formuliert lassen sich folgende Parameter anführen: Ehrlichkeit, Vorsicht, Vertrauen schaffen, Wahrung von Geschäftsgeheimnissen, Wagemut im richtigen Moment, Friedensliebe, Ernsthaftigkeit, Höflichkeit, Klugheit, Ordnung, gute Erscheinung und nicht zuletzt eine gute Erziehung. Für einen ehrbaren Aufsichtrat ist es selbstverständlich, dass er seine persönliche Haftung für Pflichtverletzungen im Rahmen seiner Verantwortung und seines Handeln akzeptiert.

II. Aufsichtsratstätigkeiten sind keine Ehrenämter

Ehrbare Aufsichtsräte professionalisieren sich. Sie besitzen aufgrund ihrer bisherigen unternehmerischen Erfahrungen und aufgrund von regelmäßigen Fort- und Weiterbildungsmaßnahmen nicht nur fachliche Mindestkenntnisse in allgemeiner, wirtschaftlicher, organisatorischer und rechtlicher Art. Sie leben aufgrund ihres positiven Selbstverständnisses (neben den oben angeführten Werten) auch persönliche Werte wie Unabhängigkeit, Eigenverantwortlichkeit und Akzeptanz persönlicher Haftung aktiv vor.

Dabei gewinnen neben Good Corporate Governance Aspekten u. a. moralisch-ethische Fragestellungen wie Good Corporate Company, Good Corporate Citizenship, Corporate Responsibility bzw. Corporate Social Responsibility und Wirtschaftsethik verstärkt an Relevanz.

III. Der ehrbare Aufsichtsrat als Hüter der Corporate Governance

Der ehrbare Aufsichtsrat hat den Vorstand zu bestellen, zu überwachen und zu beraten und gegebenenfalls in dessen Entscheidungen einzugreifen, indem er zum Wohle der Gesellschaft seine Zustimmung zu Geschäten auch verweigert. Er sorgt durch einen kontinuierlichen Entwicklungs- und Fortbildungsprozess für eine von allen Stakeholdern akzeptierte unternehmerische Sinn- und Werte-Orientierung und gewährleistet somit ›ein ethisches‹ Unternehmen.

Der ehrbare Aufsichtsrat befähigt andere (seine Gesellschafter / Aktionäre, seine Aufsichtsrats-Kollegen, die Geschäftsleitung, die Mitarbeiter) die Zukunft seines Unternehmens erfolgreich zu gestalten in dem das Bewährte bewahrt und die Veränderungen so angepasst werden, dass das Unternehmen seine gestalterische Kraft auch in den Veränderungen behält und sich weiter entwickelt.

Er hat nicht immer die passende Antwort parat. Aber er kann Nachfragen. Und er stellt die richtigen Fragen. Jedes einzelne Aufsichtsratsmitglied ist dabei gefordert.

Die aktuellen Diskussionen zeigen, dass wir zurückkehren müssen zum »ehrbaren Kaufmann«, zum »Handschlag« und zum »geraden, tiefen Blick in die Augen« unserer Vertragspartner. Es braucht eine Rückbesinnung auf gewisse ethische Werte.

Der ehrbare Aufsichtsrat fordert diese Werte und die Leitlinien einer langfristig und nachhaltig orientierten Unternehmensführung ein und sichert die Verankerung im Tagesgeschäft. Dadurch wird er zum Hüter der Corporate Governance.

Jedes Aufsichtsratsmitglied ist persönlich für die effektive und effiziente Unternehmensüberwachung und

-beratung verantwortlich. Nur so kann der Aufsichtsrat seinem doppelten Auftrag als Kontrolleur und Ratgeber gerecht werden. Immer öfter wird davon gesprochen, dass eine ehrenamtliche Kontrolltätigkeit den immer größer werdenden Verantwortungsbereichen eines Aufsichtsratsmitgliedes nicht gerecht wird.

Deshalb muss jeder ehrbare Aufsichtsrat durch seine Kompetenz und sein unabhängiges und kritisches Urteilsvermögen zum obersten Überwacher und Hüter im Sinne einer Good Corporate Governance werden.

»Die meisten nennen ihre Dummheit Ehrbarkeit.«

Giovanni Boccaccio (1313–1375),
italienischer Erzähler

KAPITEL C

Was sind Tugenden?

»Alle Autorität, die ich besitze, beruht einzig darauf, dass ich weiß, was ich nicht weiß.«

Sokrates (469 v. Chr. – 399 v. Chr.), griechischer Philosoph

I. Führung ist Kunst

Führung ist die Kunst Menschen zu motivieren und zu überzeugen und sie zur Gefolgschaft einzuladen, sodass sie freiwillig das tun, was ich, die Führungskraft, für das Richtige für mein Unternehmen halte. Also nicht ich ›mache‹ mich zum Führer, sondern meine Mitarbeiter entscheiden, ob ich ein Führer ›bin‹. Nicht ich ›erschaffe‹ ein erfolgreiches Unternehmen, sondern meine Kunden ›entscheiden‹, ob meine Produkte kauffähig sind.

Wenn beide Seiten die gleiche Sinn- und Werte-Orientierung haben, beide sich innerhalb der gleichen ethischen Leitplanken bewegen, gelingt Führung am besten.

Welche Werte haben nun meine Geschäftspartner? Welche Werte sind mir als Führungskraft – privat und beruflich – wichtig? Auch wenn der Werte viele sind, so gibt es doch in unserer Gesellschaft allgemein von allen akzeptierte Werte.

II. Allgemeine Werte des Lebens sind gefragt

Welche Werte sind besonders geeignet? Welche Werte prägen einen ehrbaren Aufsichtsrat? Welche Werte sollte er persönlich leben und transparent berücksichtigen und vorleben? Wo finden wir Regeln für den (unternehmerischen) Alltag? Wer und was können uns leiten, wenn wir in einer Vorgehensweise oder Entscheidung unsicher sind? Wo sind Regeln und Standards, die sich über Jahrhunderte oder sogar Jahrtausende bewähren konnten?

Wir finden sie zum Beispiel bei den Franziskanern, deren reich gewordener Ordensgründer Franz von Assisi ein Leben in Armut wählte und dessen Regeln bereits 1997 Grundlage für den Frankfurt-Hohenheimer Leitfaden für ethische Investments wurde; sozusagen eine Bibel für Manager nachhaltiger Fonds. Auch die 1500 Jahre alten Ordensregeln der Benediktiner können als bewährten Leitfaden für eine werte-orientierte Unternehmensführung für das tägliche Leben herangezogen werden. Sie beruhen auf zwei Grundprinzipien: Regeln und Tugenden als Verhaltensstandards und Leitplanken, die für alle Menschen gelten. »Bereits der berühmte Satz ›Ora et labora‹ macht deutlich, dass Arbeit als wesentlicher Bestandteil eines erfüllten und sinnvollen Lebens gesehen wird. Eine Organisation ist mehr als ein zielorientiertes und soziales System. Entscheidend für alles, was in Abteilungen und Unternehmen geschieht, ist das Handeln des Menschen« so Anselm Bilgri, Vordenker und Förderer einer werte-orientierten bedürfnisbezogenen Lebens- und Arbeitsweise und ehemaliger CFO der Abtei St. Bonifaz in München und Andechs.

1. Sieben Tugenden

Allgemeine Werte sind also gefragt. Werte, die man nicht nachlesen muss oder einer Richtlinie entnehmen muss. Werte, die jeder kennt und als gut akzeptiert. Tugenden sind solche Werte.

Tugenden sind erworbene Haltungen, die ihre eigene Sinnhaftigkeit auch in Konfliktsituationen durchhalten. Der Begriff kommt von ›taugen‹ (aus dem süddeutschen: ›das taugt mir‹). Die ursprüngliche Grundbedeutung ist die Tauglichkeit (Tüchtigkeit, Vorzüglichkeit) einer Person. Ein Mensch hat also die Fähigkeit und innere Haltung, jeweils das Gute mit innerer Neigung zu tun.

Tugenden gibt es natürlich viele. So z. B. bürgerliche, christliche, göttliche, himmlische, klassische, preußische, ritterliche, soldatische oder soziale Tugenden.

Im Folgenden orientiere ich mich an den in der abendländischen Tradition seit zwei Jahrtausenden bekannten altbewährten sieben Tugenden:
- vier Kardinaltugenden wie Weisheit, Mäßigung, Tapferkeit und Gerechtigkeit (wurden durch Platon

(428 v. Chr. – 348 v. Chr.) eingeführt und durch den Heiligen Bischof Ambrosius von Mailand (339 – 397) als ›Kardinaltugenden‹ benannt)
- und drei theologischen Tugenden (auch göttliche bzw. christliche Tugenden) wie Hoffnung, Glaube und Liebe (wurden durch Pabst Gregor den Großen (540 – 604) den Kardinaltugenden als grundlegende Einstellungen bzw. innere Haltungen hinzugefügt).

Diese Kardinaltugenden (von lateinisch ›cardo‹ ›Türangel, Dreh- und Angelpunkt‹; auch Primärtugenden) können helfen bei der praktischen Bewältigung des unternehmerischen Alltags und beim ›störungsfreien‹ und nachhaltigen Betrieb eines Unternehmens. Diese sieben magischen Tugenden sind vom Autor zur besseren Illustration wie folgt um inhaltsverwandte Begriffe ergänzt und in folgende Reihenfolge gebracht worden:

- *Tugend 1 – Tapferkeit/Mut*
- *Tugend 2 – Mäßigung/Besonnenheit*
- *Tugend 3 – Klugheit/Weisheit*
- *Tugend 4 – Gerechtigkeit/Haftung*
- *Tugend 5 – Glaube/Vertrauen*
- *Tugend 6 – Hoffnung/Zukunft*
- *Tugend 7 – Liebe/Respekt*

Allem voran – und gleichsam als oberste Tugend – gilt für einen ehrbaren Aufsichtsrat folgender Grundsatz:

Grundsatz der Selbstverständlichkeit.

Das heißt, es gibt Dinge, die man einfach (nicht) tut. Z. B. wird ein ehrbarer Aufsichtsrat einer Entscheidung nie seine Stimme geben, in einer Situation, die er nicht versteht. Ein ehrbarer Aufsichtsrat macht den Mund auf und ist bereit die Konsequenzen zu tragen, wenn er eine Entscheidung nicht mittragen kann.

Diese Tugenden sind erworbene Haltungen, die ihre eigene Sinnhaftigkeit auch in Konfliktsituationen durchhalten. Sie sind ideal als ethische Leitplanken bzw. Werte-Orientierung für einen ehrbaren Aufsichtsrat zur Bewältigung seiner Verantwortlichkeiten und Aufgaben. Wendet er diese ethischen Leitplanken und Werte-Orientierung an, kann er den unternehmerischen nachhaltigen Erfolg unterstützen und verwirklichen. Dafür gebührt dem ehrbaren Aufsichtsrat Lob und Bewunderung.

2. Sieben Todsünden

Die Todsünde (im Katechismus der katholischen Kirche eine besonders schwerwiegende Art der Sünde), ist ebenfalls eine menschliche Fähigkeit und innere Haltung;

allerdings jeweils das Böse oder Schlechte mit innerer Neigung zu tun.

Wir kennen alle die sieben Todsünden
- *Hochmut* (Übermut, Eitelkeit, Ruhmsucht)
- *Geiz* (Habgier, Habsucht)
- *Genusssucht, Ausschweifung* (Wollust)
- *Zorn* (Wut, Vergeltung, Rachsucht)
- *Völlerei* (Gefräßigkeit, Maßlosigkeit, Selbstsucht)
- *Neid* (Missgunst, Eifersucht)
- *Trägheit* des Herzens/des Geistes (Faulheit, Feigheit, Ignoranz)

sowohl aus unserem Alltagsleben aber oft genug auch aus den Schlagzeilen im Wirtschaftsteil der Medien. Diese sind keine akzeptierten ethischen Leitplanken – zu mindestens in einem Großteil der deutschen Wirtschaft – und sollten keine Berücksichtigung in unserem Tun und Lassen finden. Demzufolge wird in diesem Werk auf Darstellungen von negativen Beispielen aus dem Bereich der unternehmerischen Todsünden eines Aufsichtsrats bewusst verzichtet. Sollte der Leser sich dafür interessieren, muss er auf andere Publikationen bzw. auf die täglichen Meldungen über konkrete Fälle von nicht-ehrbarem Verhalten in den bekannten Medien zurückgreifen. Hier findet er keine Anleitungen für un-ethisches Verhalten.

III. Der ehrbare Aufsichtsrat als oberster Wächter der Werte und der Ethik

»Vertrauen ist gut – Kontrolle ist besser«. In diesem Sinne kommt dem ehrbaren Aufsichtsrat als oberste Überwachungsinstanz eines Unternehmens eine besondere Rolle zu. Neben der Einhaltung aller operativen Zielsetzungen ist er der oberste Wächter der Werte und der Ethik des Unternehmens.

Der ehrbare Aufsichtsrat weiß genau, wofür sein Unternehmen steht, wie die Sinn- und Werte-Orientierung lautet. Welche Visionen die Menschen verbindet. Nach welchem Leitbild und Veränderungssystemen weltweit gearbeitet wird. Er kennt die Kernkompetenzen und die Ressourcen des Unternehmens.

Der ehrbare Aufsichtsrat kann sich nicht auf die Rolle des ›Verantwortung Tragenden‹ zurückziehen, sondern muss diese Verantwortung in seiner täglichen praktischen Arbeit (vor-) leben und sicherstellen und dafür Bereitschaft zur Evaluation und Beurteilung durch andere bis hin zur persönlichen Haftung akzeptieren. Er muss Orientierung geben.

Gute Führung ist in erster Linie von der eigenen gesunden Grundhaltung geprägt. Eine Ausrichtung an den einfachen Tugenden des Lebens ist hierbei hilfreich und wahrscheinlich Schaden minimierend. Haltung ist nichts, was aus Lehrbüchern kommt und übergestülpt werden kann. Haltung kommt von innen und ist prägend für die eigene Persönlichkeit. Sie wird durch das eigene Handeln und dem eigenen ›Vorleben‹ dokumentiert. Und sie muss zur Werte-Orientierung des Unternehmens passen. Ansonsten ist alles nur ein Rollenspiel und vorgetäuschte Heuchelei.

Auch wenn es bei dem einen oder anderen eine generelle oder teilweise Bewusstseinsänderung hin zu einem Wechsel zu einem Führungsstil mit einem anderen Wertesystem erfordert.

»Der Tugendhafte begnügt sich, von dem zu träumen, was der Böse im Leben verwirklicht.«

Platon (428 v. Chr. – 348 v. Chr.),
griechischer Philosoph

KAPITEL D

Tugenden müssen vorgelebt werden

»Das höchste Gut besteht in dem festen Willen, tugendhaft zu handeln, und in der Gewissensruhe, welche die Tugend begleitet«

René Descartes (1596–1650),
französischer Philosoph

I. Tone at the Top

Der ehrbare Aufsichtsrat lebt Tugenden in seinem Denken, seinen Worten und in seinen Taten vor. Sowohl im Großen als auch im Kleinen. Seine Reputation und Persönlichkeit sind die Basis für seine Authentizität, Integrität und Aufrichtigkeit. Er ist ein glaubwürdiger und verlässlicher Berater, dem jedermann jederzeit vertrauen kann.

Er denkt gesamtunternehmerisch, anstatt wie früher Abteilungs- oder Funktionsdenken in den Vordergrund zu stellen. Sein Denken, seine Worte und seine Taten sind stets von Aufrichtigkeit und Ehrlichkeit zum Wohle des Unternehmens begleitet. ›Vorspiegelung falscher Tatsachen und Einstellungen‹ sind ihm fremd. Er weiß, dass ›vorgetäuschtes Rollentheater‹ in der Regel schnell entlarvt wird und kein Zeichen von Ehrbarkeit und Selbstvertrauen sind. »Wer nichts zu verbergen hat, hat auch nichts zu befürchten«.

Nach Aristoteles (384 v. Chr. – 322 v. Chr.), dem Vater der Tugendethik, werden uns Tugenden weder von der Natur noch gegen die Natur zu teil. Jeder Mensch hat die natürliche Anlage, Tugenden in sich aufzuneh-

Kapitel D

men und durch Anwendung und Gewöhnung auch zu leben. »Wir erlangen die Tugenden nach vorausgegangener Tätigkeit, wie dies auch bei den Künsten der Fall ist. Denn was wir tun müssen, nachdem wir es gelernt haben, das lernen wir, indem wir es tun. So wird man durch Bauen ein Baumeister und durch Zitherspielen ein Zitherspieler. Ebenso werden wir aber auch durch gerechtes Handeln gerecht, durch Beachtung der Mäßigung mäßig, durch Werke des Starkmuts starkmütig.«

II. Mangel an Gelegenheit ist noch keine Tugend

Wir etikettieren gelegentlich unsere Schwächen und fehlenden Fähigkeiten um in Stärken und Chancen. Gerne machen wir aus der Not eine Tugend. Es ist ein alter Überlebenstrick der Menschen: wir entwickeln selbst Lebenstechniken, die uns gut dastehen und uns mit unseren Verhältnissen besser leben lassen. Tricks, mit denen wir uns selbst aufwerten oder kleine Illusionen, die uns einiges erträglicher erscheinen lassen.

Mangel an Gelegenheit ist noch keine Tugend. Wir interpretieren unsere Art und unser Verhalten gelegentlich zu unseren Gunsten. Dies sollte ein ehrbarer Aufsichtsrat bei der Anwendung seiner Tugenden bedenken und versuchen, zu vermeiden:

- Ein ehrbarer Aufsichtsrat bezeichnet einen »Mangel an Werten und Festigkeiten und Unbeständigkeit« nicht als »Tugend der Flexibilität und Offenheit für Neues und Veränderungen«.
- Ein ehrbarer Aufsichtsrat redet sich bei »Antriebsarmut, Trägheit oder gar Lethargie« nicht heraus mit den Worten »er pflege die Tugend der Gelassenheit und Zurückhaltung«.
- Ein ehrbarer Aufsichtsrat redet nicht von »der Tugend der kreativen Suchbewegung und Ausweis geistiger Unruhe« wenn er »Zerfahrenheit, Gehetztsein, Umtriebigkeit und nervöse Energie« meint.
- Ein ehrbarer Aufsichtsrat bezeichnet »engagiertes Eiferertum, Aktivismus, Macher- und Zugreifmentalität und aufdringliche Fürsorge« nicht als eine »Tugend der praktischen Nächstenliebe«.

Der ehrbare Aufsichtsrat gibt seine Schwächen zu und versucht diese schnell auszugleichen und zu überkommen.

III. Der ehrbare Aufsichtsrat setzt die Leitlinien

Transparente, verantwortungsvolle und nachhaltige Unternehmensführung beinhaltet nicht nur rechtliche und performance- und effizienzorientierte, sondern im

Wesentlichen auch moralisch-ethische Aspekte. Eine transparente Sinn- und Werte-Orientierung des Unternehmens gelebt durch die Führungswerte aller Entscheidungsträger ist gefordert. Im Unternehmen müssen Werte von allen sichtbar und verlässlich gelehrt und (vor-) gelebt werden.

Transparenz und Abstimmung der gewünschten Sinn- und Werte-Orientierung des Unternehmens und der gelebten Werte aller Führungskräfte, ist die oberste Aufgabe eines ehrbaren Aufsichtsrats. Er muss dies durch das »Setzen und Einhalten von moralisch-ethischen Leitplanken« im unternehmerischen Alltag sicherstellen. Er achtet darauf, dass ein funktionsfähiges Reputations- und Ethikmanagement im Unternehmen zum Wohle des Unternehmens existiert.

Wissend, dass keine endgültigen Wahrheiten und Patentrezepte für nachhaltige und erfolgreiche Unternehmensführung existieren, lassen sich aber Grundprinzipien benennen, deren Beachtung die Chancen verbessern, sie zu realisieren. Ein solcher Chancen-Verbesserer ist das Lehren und Vorleben von Tugenden. Dafür zu sorgen, dass der ›Tone at the Top‹ stimmt.

Der ehrbare Aufsichtsrat geht mit gutem Beispiel voran. Er ist Leader und positive Identifikationsfigur in einem. Er begeistert und motiviert sein Umfeld für wegweisende und nutzbringende Innovationen. Der ehrbare Aufsichtsrat hat einen starken Veränderungswillen und hofft nicht auf Wunder oder verfällt dem Wahnsinn. »Die reinste Form des Wahnsinns ist es, alles beim Alten zu lassen und gleichzeitig zu hoffen, dass sich etwas ändert« erkannte schon der deutsche Physiker Albert Einstein (1879–1955).

Aufsichtsratspositionen dürfen nicht als Trophäen für die Wichtigkeit der eigenen Person angesehen werden. Nicht jeder passt in jedes Aufsichtsgremium. Der ehrbare Aufsichtsrat lehnt auch einmal eine Berufung in ein Gremium ab und bewertet Zugehörigkeit zu einer vermeintlich anzustrebende Gruppe nicht über. Er folgt lieber seiner Inspiration und seinem eigenen Werte-Kanon.

*»Verwechsle nie Enthaltsamkeit
mit Mangel an Gelegenheit«*

Johann Wolfgang von Goethe (1749–1832)
deutscher Dichter

KAPITEL E

Tugend 1 – Tapferkeit / Mut

*»Habe Mut,
Dich Deines eigenen Verstandes
zu bedienen!«*

Immanuel Kant (1724–1804),
deutscher Philosoph

I. Was bedeutet Tapferkeit / Mut?

Tapferkeit ist die menschliche Fähigkeit als Person oder als Gruppe Gleichgesinnter einer komplexen und schwierigen, mit Nachteilen verbundenen Situation trotz evtl. Rückschläge furchtlos entgegen zu treten und an seinem Erfolgswillen festzuhalten.

»Mut und Tapferkeit sind nicht einfach nur eine der Tugenden sondern die Form, die jede Tugend im entscheidenden Augenblick annimmt und das heißt: im Augenblick höchster Wirklichkeit« definierte C. S. Lewis (1898–1963), irischer Schriftsteller und Literaturwissenschaftler.

Der Tapfere ist bereit, für höhere Werte Opfer zu bringen und Gefahren auf sich zu nehmen. Er ist mutig und kennt aufgrund eigener Erfahrungen und Erkenntnisse die Risiken und die Angst, kann diese aber überwinden.

Tapferkeit hat weniger mit Risiken und Gefahren zu tun, denen man sich aussetzt, sondern vor allem mit der eigenen Überzeugung und der persönlichen Sinn- und Werte-Orientierung. Wofür setze ich mich ein? Wofür stehe ich? Lohnt es sich dafür im ethischen Sinne mutig zu kämpfen? Habe ich Rückgrat?

Kapitel E

Erfolgreiche Führung ist immer mit Blick auf die Zukunft, also nachhaltig in der zeitlichen Dimension, ausgestaltet. Dazu ist vor allem Mut zur Verantwortung gefragt: Mut über das Tagesgeschäft oder den Quartalsbericht hinaus zu denken. Mut dem Wichtigen im Zweifel Vorrang vor dem Dringlichen zu geben. Das bedeutet nicht nur das Abwägen zwischen kurzfristigen und langfristigen Folgen, sondern auch das Verfolgen verschiedener Zieldimensionen. Gewinnzielung, Umweltschonung und Mitarbeiterorientierung müssen ausbalanciert werden. Das erfordert Mut und Tapferkeit.

II. Was bedeutet die Tugend Tapferkeit / Mut für den ehrbaren Aufsichtsrat?

1. Jeder fragt engagiert nach

Der ehrbare Aufsichtsrat braucht Mut und Tapferkeit für seine Entscheidungen. Es braucht Mut und Tapferkeit in einer Gremiumsitzung vor allen Kollegen zu sagen »Entschuldigung, ich habe es nicht verstanden – bitte erklären Sie es mir nochmals!«

Sein Durchhaltevermögen und sein Blick aufs Ganze ermöglichen ihm fundierte Entscheidungen zu treffen. Ohne ein aktives Engagement innerhalb des Aufsichtsgremiums wird er seine Kompetenzen und Fähigkeiten nicht im Sinne einer effektiven und effizienten Überwachung und Beratung einsetzen können.

2. Jeder will entscheiden

Oft entstehen größere Schäden für ein Unternehmen durch das Nicht-Entscheiden und Vertagen von Problemen durch den Aufsichtsrat. »Wir sollten unbedingt noch vorher ein Gutachten einholen« wird dann als Entschuldigung vorgegeben. Der ehrbare Aufsichtsrat will entscheiden. Oder wie der französische Dramatiker Moliere (1622–1673) formulierte: »Wir sind nicht nur verantwortlich für das, was wir tun, sondern auch für das, was wir nicht tun.«

3. Jeder spricht Falschentwicklungen an

Der ehrbare Aufsichtsrat ist unabhängig in allen Aspekten. »Die Hand, die einen füttert, beißt man nicht«. Unabhängigkeit bedeutet nicht nur das Nichtvorhandensein einer geschäftlichen oder persönlichen Beziehung zu der Gesellschaft oder deren Vorstand (vgl. DCGK 5.4.2) sondern vor allem das Ansprechen von unternehmerischen »Negativ-Ereignissen« und »Falsch-Entwicklungen«.

Hierzu gehört auch das transparente Offenlegen eventueller persönlicher Interessenskonflikte (vgl. DCGK 5.5.2) und Abhängigkeiten. Ohne seine Unabhängigkeit kann der ehrbare Aufsichtsrat kurz- und langfristige Fehlentscheidungen im Unternehmen nicht ansprechen.

4. *Jeder übernimmt gesellschaftliche Verantwortung*

Der ehrbare Aufsichtsrat hat den Mut und die Tapferkeit über das Tagesgeschäft oder den Quartalsbericht hinaus zu denken. Es gibt dem Wichtigen im Sinne einer nachhaltigen Unternehmensführung im Zweifel Vorrang vor dem Dringlichen. Er weiß, dass die gesellschaftliche Akzeptanz im Sinne einer ›licence to operate‹ für sein Unternehmen schnell gefährdet sein kann. Er kennt die gesellschaftliche Verantwortung seines Unternehmens und wird ihr gerecht.

5. *Jeder akzeptiert innere und äußere Reflexion*

Der ehrbare Aufsichtsrat hat die Fähigkeit zur inneren (Eigen-) Reflexion, des Überdenkens und Unterbrechens, weil er emotional, materiell und persönlich unabhängig ist. Unabhängigkeit bedeutet im Wesentlichen geistige Freiheit: Freiheit, die es jedem tapferen und mutigen Mitglied des Aufsichtsrats ermöglicht, ungestraft Kritik an den bestehenden Verhältnissen und agierenden Personen zu üben und auszusprechen. Er kritisiert und widerspricht bei Bedarf auch seinem Aufsichtsratsvorsitzenden und/oder dem Mehrheitsaktionär zum Wohle des Unternehmens.

Er versteht sich als Verantwortungsträger und akzeptiert persönliche Evaluation und Beurteilung durch andere (vgl. DCGK 5.6). Durch diese äußere (externe) Reflexion beugt er einer eventuellen Selbsttäuschung und einer eigenen Fehleinschätzung vor.

*»Es gehört oft mehr Mut dazu, seine
Meinung zu ändern, als ihr treu zu bleiben«*

Christian Friedrich Hebbel (1813–1863),
deutscher Dichter

KAPITEL F

Tugend 2 –
Mäßigung / Besonnenheit

»Das aller Güter Höchste sei Besonnenheit.«

Sokrates (469 v. Chr. – 399 v. Chr.),
griechischer Philosoph

1. Was bedeutet Mäßigung / Besonnenheit?

Mäßigung oder Besonnenheit, (Selbst-) Beherrschung, Bescheidenheit, Maßhalten oder Finden des richtigen Maßes kennen wir aus dem Alltäglichen (wie Essen/ Trinken/Lust) wie auch bei Entscheidungen mit persönlichen Entscheidungsspielräumen. Die Fähigkeit der Einschränkung und der (Selbst-) Beschränkung erlaubt es dem Menschen bestimmte Begierden, Anreize und Affekte zu unterdrücken.

Mäßigung bedeutet zufrieden zu sein mit dem, was genug ist und bedeutet nicht Entbehrung. Mäßigung lässt uns entscheiden, was richtig und gut für uns und andere ist. Besonnenheit bezeichnet die überlegte, selbstbeherrschte Gelassenheit, die besonders in schwierigen Situationen den Verstand die Oberhand behalten lässt, um vorschnelle und unüberlegte Entscheidungen oder Taten zu vermeiden. Diese Selbstbeherrschung betont mehr die emotionalen Anteile innerer Ruhe als rationale Aspekte. »Gelassenheit ist eine anmutige Form des Selbstbewusstseins« wusste schon die österreichische Erzählerin Marie Freifrau von Ebner-Eschenbach (1830–1916).

Kapitel F

Mäßigung und Besonnenheit liegen in der Mitte jedes Entscheidungsspielraums der nach zwei entgegen gesetzten Extremen hin überschritten werden kann. In der Mitte zwischen einem Zuviel und einem Zuwenig. Es geht nicht um die letzte Steigerung oder um das maximale betriebswirtschaftliche Optimum, sondern um das abwägende Innehalten eines rechten Maßes einer Entscheidung (›Maßhalten‹). Es geht um das Finden des richtigen ›goldenen‹ nachhaltigen Mittelwegs. Der erste Schritt zu einem nachhaltigen Mittelweg ist die Aufklärung. Nur der informierte und aufgeklärte Akteur kann sein Verhalten und sein Handeln reflektieren. »Nicht alles was legal ist, ist richtig, sondern nur was legitim ist, ist auch richtig« hört man immer öfters in der öffentlichen Diskussion von unternehmerischer Verantwortung und unternehmerischem Verhalten bzw. Nicht-Verhalten.

II. Was bedeutet die Tugend Mäßigung/Besonnenheit für den ehrbaren Aufsichtsrat?

1. Jeder beschränkt sich auf seine wesentlichen Aufgaben

Der ehrbare Aufsichtsrat ist sich seinen eigenen Zielen bewusst und konzentriert sich auf seinen gesetzlichen

Auftrag (Bestellung, Überwachung und Beratung des Vorstands in nachhaltiger Sicht – vgl. DCGK 5.1.1). Er legt seinen Schwerpunkt auf die werte-orientierte Strategie und auf wesentliche Geschäfte von grundlegender Bedeutung (vgl. DCGK 3.2). Er sorgt für eine Geschäftsordnung des Aufsichtsrats (vgl. DCGK 5.1.3) und bildet in Abhängigkeit von den spezifischen Gegebenheiten des Unternehmens fachlich qualifizierte Ausschüsse (vgl. DCGK 5.3.1). Eine effiziente und effektive Problemlösung ist ihm wichtiger als seine eigene Person.

2. Jeder strebt einen transparenten Informationsfluss an

Im Sinne einer größtmöglichen Effizienz und Effektivität optimiert der ehrbare Aufsichtsrat den transparenten und ausreichenden Informations- und Kommunikationsfluss zwischen Aktionär / Eigentümer / Gesellschafter, dem Aufsichtsgremium und dem Vorstand (vgl. DCGK 3.4).

Auch innerhalb des Aufsichtsgremiums sorgt er für eine offene und vertrauenswürdige Kommunikation und gut organisierte und strukturierte Sitzungen. Dadurch wird ein aktives Engagement aller Gremiumsmitglieder ermöglicht und gefördert.

3. Jeder ist konflikt- und konsensfähig

Der ehrbare Aufsichtsrat ist konflikt- und konsensfähig und beherrscht sich bei der Durchsetzung seiner eigenen Meinung zum Wohle des Unternehmens.

4. Jeder kann auch ›NEIN‹ sagen

Er richtet seine Entscheidungen an wesentlichen ökonomischen, ökologischen und sozialen Aspekten des Unternehmens aus. Gesellschaftliche Verantwortung und nachhaltiger Unternehmenserfolg sind bei ihm keine Gegensätze. Er kann auch ›NEIN‹ sagen. Spekulationsgeschäfte (wie z. B. SWAPS etc.) und ›Schecks auf die Zukunft‹ des Unternehmens lehnt er ab. Er sagt auch ›NEIN‹, wenn er Geschäftschancen, die dem Unternehmen zustehen, persönlich nutzen könnte (sofern er sein Mandat nicht vorher niederlegt). Der ehrbare Aufsichtsrat ist dem Unternehmensinteresse und Unternehmenswohl verpflichtet (vgl. DGCK 5.5.1). Als ›Bergführer und Sherpa‹ des Unternehmens weiß er, dass nach einem Aufstieg auch ein Abstieg kommen muss. Er kennt den Moment des ›richtigen Ausstiegs‹. Er weiß, wann Schluss ist.

Dies gilt auch und manchmal vielleicht auch zu allererst für die leidige Frage einer gerechten und ergebnisorientierten Vergütung der einzelnen Mitglieder des Vorstands und des Aufsichtsrats. Für sich selbst akzeptiert er nur eine Festvergütung. Der ehrbare Aufsichtsrat hält dabei Augenmaß (vgl. DCGK 4.2.2) und orientiert sich an den eigenen Werten, der Werte des Unternehmens und der Werte der Öffentlichkeit bei der Festlegung einer transparenten und nachvollziehbaren Vergütungsstruktur. Seine Besonnenheit und Bescheidenheit besteht jede Selbstprüfung.

5. *Jeder kennt den Unterschied zwischen legal und legitim*

Nur mit Regel- und Gesetzestreue – oder neudeutsch ›Compliance‹ genannt – ist ein Unternehmen nachhaltig nicht zu führen. »Nicht alles was legal (gesetzeskonform) ist, ist richtig, sondern nur was legitim (anständig und anerkennungswürdig) ist, ist auch richtig«. Der ehrbare Aufsichtsrat orientiert sich am ehrbaren Kaufmann und nicht an der Filmfigur aus Wall Street ›Gordon Gekko‹. Er kennt den Unterschied zwischen legal und legitim.

*»Mäßigung ist eine verhängnisvolle Sache,
denn nichts ist so erfolgreich wie der Exzess.«*

Oscar Wilde (1854–1900),
irischer Lyriker und Dramatiker

KAPITEL G

Tugend 3 – Klugheit / Weisheit

»Klug ist nicht, wer keine Fehler macht. Klug ist der, der es versteht, sie zu korrigieren.«

Wladimir Iljitsch Lenin (1870–1924), russischer Politiker

I. Was bedeutet Klugheit / Weisheit?

Klugheit (griechisch: Vernunft; lateinisch: prudentia = die Kunst des Vorhersehens; französisch: Vorsicht) ist die Fähigkeit zu angemessenem Handeln im konkreten Einzelfall unter Berücksichtigung aller für die Situation relevanter Faktoren, individueller Handlungsziele und sittlicher Einsichten.

Vollkommene Weisheit ist ein Ideal und kommt in der Praxis leider nicht vor. Weisheit bezeichnet vorrangig ein tiefgehendes Verständnis von Zusammenhängen gepaart mit einem sehr guten Urteilsvermögen sowie die Fähigkeit, bei Problemen und Herausforderungen die jeweils schlüssigste und sinnvollste Handlungsweise zu identifizieren (weisheitsbezogenes Wissen). Personen, die ein hohes Maß an weisheitsbezogenem Wissen haben, sind eher am gemeinsamen Guten interessiert als andere.

Wissen und Weisheit sind verwandt ohne dass die Summe allen Wissens Weisheit bedeutet. Weisheit ist Wissen um wesentliche Wahrheiten sowie dem entsprechend zu leben (Wahrhaftigkeit). Viel (Halb-)Wissen und der anhaltende Informations- und Marketing-Overkill unserer Zeit verschüttet die Weisheit. Analyse relevanter Informationen wird durch Paralyse aufgrund zu vieler Informationen ersetzt. »Die Weisheit des Lebens besteht im Ausschalten der unwesentlichen Dinge« besagt schon ein chinesisches Sprichwort. Im Alltag wird Weisheit oft mit Alter verbunden. Berufs- und Lebenserfahrung bringen Erkenntnisse und Einsichten, die dem Unternehmens zum Wohle gereichen. Sie sind die Basis für Voraussicht und einem ›Bauchgefühl‹ für Entscheidungen. Weisheit von heute wird vielleicht erst morgen verstanden. »Der Kluge ist der, welchen die scheinbare Stabilität nicht täuscht und der noch dazu die Richtung, welche der Wechsel zunächst nehmen wird, vorhersieht« wusste schon der deutsche Philosoph Arthur Schopenhauer (1788–1860). D. h., auch junge Menschen können schon klug und weise sein.

II. Was bedeutet die Tugend Klugheit / Weisheit für den ehrbaren Aufsichtsrat?

1. Jeder kennt die ›Spielregeln‹

Der ehrbare Aufsichtsrat besitzt ausreichende Kenntnisse der wesentlichen regulatorischen Vorschriften für sein Unternehmen (insb. aus dem Bereich der

Corporate Governance, des Aktiengesetzes, des Internen Kontroll- und Risikomanagementsystems, Compliance). Er kennt das eigene unternehmerische Geschäftsmodel und den dazugehörigen Markt und versteht die unternehmerische ›licence-to-operate‹ in dieser Branche. Insgesamt hat er für die ordnungsgemäße Wahrnehmung seiner Aufgaben alle erforderlichen Kenntnisse, Fähigkeiten und fachlichen Erfahrungen (vgl. DCGK 5.4.1).

2. *Jeder kann Zuhören*

Der ehrbare Aufsichtsrat kann Zuhören und Verstehen. Er versteht seine Aufsicht und Beratung als aktives (Nach-) Fragen trotz immer komplexer werdender Antworten. Die Kontrollfunktion des Aufsichtsrats im Sinne eines ›Check-and-Balance-Prinzips‹ ist ein wesentlicher Eckpfeiler im deutschen Corporate Governance System und erfordert ein jederzeitiges aktives Fragen! Er handelt weise, wenn er in komplexen Situationen sichere Urteile fällt und wirklichkeitsgerechte Entscheidungen vorantreibt. Bei all seinem aktiven Fragen hält er sich aber mit Redundanzen und Selbstdarstellungen zurück. Ganz im Sinne von dem deutschen Komiker Karl Valentin (1882–1948) »Es ist schon alles gesagt, nur noch nicht von allen.«

3. Jeder ist neugierig und innovativ

Der ehrbare Aufsichtsrat hat aufgrund seiner emotionalen und kognitiven Intelligenz Spaß an Innovationen. Er kennt nicht nur die Produkte und die Branche, sondern ist auch neugierig auf technologische Entwicklungen und stellt Altbewährtes gerne auf den Prüfstand. Der ehrbare Aufsichtsrat handelt weise, wenn er stets an die Zukunft denkt. Er bezieht bei seinem Handeln die jeweils möglichen Konsequenzen mit ein und agiert somit vorausschauend für die Zukunft des Unternehmens.

4. Jeder hat ein ausreichendes Zeitbudget

Der ehrbare Aufsichtsrat achtet darauf, dass ihm für die Wahrnehmung seiner Mandate genügend Zeit zur Verfügung steht (vgl. DGCK 5.4.5). Insbesondere für die persönliche Prüfung des Konzernabschlusses (vgl. DCGK 7.1.2) und der ausreichenden Kommunikation mit dem Abschlussprüfer (vgl. DCGK 7.2.3). Ausreichend Zeit für das gründliche Lesen und eigene Bewerten der erforderlichen Informationen und Unterlagen. Ausreichend Zeit zur Vorbereitung, Teilnahme und evtl. Leitung, Nachbereitungen aller Sitzungen und permanenter eigener Informationsversorgung, Fort- und

Weiterbildung. Er hat genügend Zeit und Ruhe anstehende komplexe Situationen und Probleme intensiv ›zu Überdenken‹.

5. *Jeder akzeptiert lebenslanges internes und externes Lernen*

Er nimmt die für seine Aufgaben erforderlichen externen Aus- und Fortbildungsmaßnahmen eigenverantwortlich wahr (vgl. DGCK 5.4.5). Nur engagierte, gut ausgebildete und kreative Mitglieder des Aufsichtsrats werden angesichts des rasanten gesellschaftlichen, sozialen und vor allem technischen Wandels die unternehmerischen Herausforderungen der Zukunft bewältigen. Für die geforderte kritische Distanz ist es unabdingbar, dass sich der ehrbare Aufsichtsrat nicht einseitig vom Unternehmen bzw. dem Vorstand informieren lässt, sondern dass er sich immer wieder ausreichend Zeit nimmt, um selbst hinzuhören und hinzuschauen. Durch diese interne Selbstinformation holt er sich neutrales und ungefärbtes Wissen aus dem Unternehmen selbst, aus der Produkt- und Branchenwelt, von den Kunden und Lieferanten und sehr wichtig von den Anlegern. Nicht zuletzt verfolgt er intensiv die Medien einschließlich der Sozialen Medien wie z. B. Youtube, Facebook, XING, Linkedin.

*»Der Vorteil der Klugheit besteht darin,
dass man sich dumm stellen kann.
Das Gegenteil ist schon schwieriger.«*

Kurt Tucholsky (1890–1935),
deutscher Journalist und Schriftsteller

KAPITEL H

Tugend 4 – Gerechtigkeit / Haftung

*»Selbst der Gerechte wird ungerecht,
wenn er selbstgerecht wird.«*

Rudolf Hagelstange (1912–1984),
deutscher Schriftsteller

I. Was bedeutet Gerechtigkeit / Haftung?

Gerechtigkeit regelt die Beziehungen von Menschen zu anderen Menschen. Diese Tugend betrifft also Interaktionen und sie enthält immer ein Moment von Gleichheit (der andere ist ›gleich‹ zu mir). Auf der einen Seite die legale (allgemeine) Gerechtigkeit und auf der anderen Seite die für die zwischenmenschlichen Beziehungen maßgeblich besondere legitime (persönliche) Gerechtigkeit. Diese ist vor allem die innere Einstellung, mit der jeder in seinem Verantwortungsbereich seine Aufgaben im Rahmen der akzeptierten Normen und Gesetze erfüllt.

Zur Wirksamkeit der Gerechtigkeit ist es unabdingbar, dass vorhandene Interessen und moralische Bewertungen aller Beteiligten (Stakeholder) transparent und uneingeschränkt kommuniziert werden. Durch offene Diskussion und nachvollziehbare Kommunikation werden gültige Vereinbarungen und Rechtsnormen für alle Beteiligten gewonnen. Verantwortung kann dann übernommen werden. »Nicht alles was legal ist, ist richtig, sondern nur was legitim ist, ist auch richtig« hört man allerdings immer öfters in der öffentlichen Diskussion von unternehmerischer Verantwortung und unternehmerischem Verhalten bzw. Nicht-Verhalten.

Verantwortung ist ein vielschichtiger Begriff. Es gibt die aktive Verantwortung ›die jemand trägt‹ (Zuständigkeitsverantwortung) und die passive Verantwortung ›zu der jemand gezogen wird‹ (Rechenschaftsverantwortung). Manche sehen in ihr »eine Last, die man lieber anderen auflädt« so der US-amerikanischer Schriftsteller Ambroce Bierce (1842–1914). Und dann gibt es noch die dritte Bedeutung: Verantwortung als Haftung für ein Fehlverhalten. Einerseits einer rechtlichen (legalen) Haftung aber auch andererseits einer persönlichen (legitimen) Haftung (von ›haften‹ im Sinn von ›anheften‹) zur Übernahme eines Schadens durch einen anderen als den unmittelbar Betroffenen. Das bedeutet in beiden Fällen die Verpflichtung zum Schadensersatz (Haftpflicht) in materieller oder immaterieller Sicht (Amts- und/oder Reputationsverlust).

II. Was bedeutet die Tugend Gerechtigkeit/Haftung für den ehrbaren Aufsichtsrat?

1. Jeder sorgt für gerechte ›Spielregeln‹

Der ehrbare Aufsichtsrat stellt sicher, dass alle wesentlichen innerbetrieblichen ›Spielregeln‹ (Werte-Orientierung, Unternehmensleitbild, Normen, Vorschriften, Prozessabläufe, Vereinbarungen etc.) gerecht die Interessen aller widerspiegeln. Notwendige Veränderungen und Anpassungen werden in einem transparenten und offenen Kommunikationsprozess durchgeführt und angewendet. Eine ›Hidden Agenda‹ gibt es nicht. Transparentsdefizite in der Arbeit des Aufsichtsgremiums wird durch Dokumentation vorgebeugt. Er sorgt für eine rechtzeitige und ausreichende Informationsbasis basierend auf den Informations- und Berichtspflichten des Vorstands (vgl. DCGK 3.4) und seiner eigenen Informationserhebung.

2. *Jeder ist für Compliance verantwortlich*

Zu allererst und jederzeit handelt der ehrbare Aufsichtsrat nach der im Unternehmen festgelegten Sinn- und Werte-Orientierung und dem Unternehmensleitbild. Er macht nur das, was sein Aufgaben- und Verantwortungsbereich gemäß Gesetz und Aufsichtsrats-Geschäftsordnung umfasst (vgl. DCGK Präambel). Trotzdem fühlt sich jeder ehrbare Aufsichtsrat für alle anderen Bereiche des Unternehmens und insbesondere für das unternehmerische Reputations- und Risikomanagement und Compliance-System im Ganzen verantwortlich und unterstützt dieses tatkräftig.

3. Jeder ist für die ›Enkelfähigkeit‹ verantwortlich

Der ehrbare Aufsichtsrat übernimmt die Verantwortung für die Balance zwischen den legitimen Ansprüchen aller wesentlichen Interessensgruppen. Er übernimmt die Verantwortung für die Balance zwischen den heute lebenden Menschen und gegenüber zukünftigen Generationen (und nicht nur denjenigen aus den Gesellschafterkreisen). Er sorgt für die ›Enkelfähigkeit‹ des Unternehmens zum Wohle der nachfolgenden Generationen.

Der ehrbare Aufsichtsrat denkt in Generationen. Seine Werte und seine Wertschätzung gibt er an seine Kinder weiter. Er handelt als nachhaltiger Unternehmer, damit die heutige Werte-Orientierung seines Unternehmens auch von den nächsten Führungsgenerationen weiterentwickelt werden kann.

4. Jeder zeigt Bereitschaft zur Evaluation

Bezogen auf einen ehrbaren Aufsichtsrat bedeutet Haftung, dass er sich in der Rolle des Verantwortungsträgers sieht und Bereitschaft zur Evaluation und Beurteilung durch andere zeigt (vgl. Textziffer 5.6 im DCGK »Der Aufsichtsrat soll regelmäßig die Effizienz seiner Tätigkeit überprüfen«). Er berichtet stets transparent und ehrlich über seine Tätigkeiten (vgl. DCGK 3.10) und kann seine Entscheidungen externen Dritten gegenüber begründen.

5. *Jeder akzeptiert seine persönliche Haftung*

»Wer den Nutzen hat, muss auch den Schaden tragen« hat es der Ökonom und einer der Väter der sozialen Marktwirtschaft Walter Eucken (1891–1950) formuliert. »Haftung ist nicht nur eine Voraussetzung für die Wirtschaftsordnung des Wettbewerbs, sondern überhaupt für eine Gesellschaftsordnung, in der Freiheit und Selbstverantwortung herrschen.«

Der ehrbare Aufsichtsrat ist auch zu sich selbst gerecht. Ehrlichkeit zu sich selbst ohne Selbsttäuschung oder Verblendung. Für ihn ist es selbstverständlich, dass er seine persönliche Haftung für Pflichtverletzungen im Rahmen seiner Verantwortung und seines Handelns akzeptiert (vgl. DCGK 3.8).

»Einen Aufsichtsrat haften zu lassen ist schwieriger, als eine Sau am eingeseiften Schwanz festzuhalten.«

Hermann Josef Abs (1901–1994),
deutscher Bankier

KAPITEL I

Tugend 5 – Glaube / Vertrauen

»Immer habe ich nach dem Grundsatz gehandelt, lieber Geld verlieren als Vertrauen. Die Unantastbarkeit meiner Versprechungen, der Glaube an den Wert meiner Ware und an mein Wort, standen mir höher als ein vorübergehender Gewinn.«

Robert Bosch (1861 – 1942),
deutscher Unternehmer

I. Was bedeutet Glaube / Vertrauen?

Glaube ist eine der drei christlichen Tugenden. Das griechische Substantiv ›pestis‹ (mit der Grundbedeutung Treue / Vertrauen) wird ins Deutsche übersetzt mit dem Wort ›Glaube‹. Im lateinischen ›credere‹ bedeutet es, einer Person ›sein Herz zu schenken‹, ihr zu glauben, ihr zu vertrauen. Glaubwürdigkeit und Vertrauen sind keine Nebenbedingungen sondern zentrale Ziele unternehmerischen Handelns. Vertrauen ist die subjektive Überzeugung (auch Glaube) von der Richtigkeit, Wahrheit bzw. Redlichkeit von Handlungen, Einsichten und Aussagen eines anderen oder von sich selbst (Selbstvertrauen).

Eine Unternehmenskrise ist gelegentlich auch eine ›Glaubwürdigkeitskrise‹ oder ›Vertrauenskrise‹. Jeder von uns hat schon mindestens einmal im Leben ›seine‹ Vertrauenskrise in seinem privaten Umfeld erlebt und überstanden. Unternehmenskrisen und Vertrauenskrisen sind Krisen mit ähnlichen Charakteristiken: Beide Krisen haben die Zukunft als Referenzpunkt – nicht die Gegenwart!

Glaubwürdigkeit wird nur verliehen. Sie kann verloren gehen. Sie geht sicher verloren, wenn Reden und

Kapitel I

Handeln nicht übereinstimmen. Niemand kann sich selbst als glaubwürdig bezeichnen! Demnach ist Glaubwürdigkeit keine selbständige Eigenschaft, sondern sie erwächst aus einem dauerhaften vertrauensvollen Verhalten und Dialog. »Wer einmal lügt, dem glaubt man nicht, und wenn er auch die Wahrheit spricht«. Unternehmerischer Erfolg basiert in einem sehr hohen Maße auf Vertrauen in die Zukunft. Im Vertrauen in die Führungsqualitäten der Führungskräfte, in die Strukturen des Systems, Vertrauen in die Produkte und in das Unternehmen. Dieses (Fremd-) Vertrauen der Öffentlichkeit, der Kunden, Lieferanten, der Belegschaft muss regelmäßig zurückbezahlt werden, wie ein Kredit. Kredite sind nichts anderes als ein Zahlungsversprechen in die Zukunft – also Vertrauen derart, dass man in der Zukunft nicht enttäuscht wird. Ohne Glauben kein Vertrauen. Ohne (Grund-) Vertrauen in die Zukunft ist Wirtschaften nicht möglich.

II. Was bedeutet die Tugend Glaube / Vertrauen für den ehrbaren Aufsichtsrat?

1. Jeder akzeptiert Vertrauen

Der ehrbare Aufsichtsrat akzeptiert Vertrauen in seinem Denken, seinen Worten und in seinen Taten.

Tugend 5 – Glaube/Vertrauen

Das (Eigen-) Vertrauen z. B. in die Geschäftsleitung und Mitarbeiter und deren übertragenden Verantwortungsbereich verbietet das ständige Nachfragen, Überwachen und Hinein-Entscheiden. Entgegen der alten Volksweisheit gilt hier: »Kontrolle ist gut, Vertrauen ist erfolgreicher.« Die Vertrauenswürdigkeit eines Unternehmens misst sich an der Verlässlichkeit den Wirtschaftspartnern gegenüber. Verlässlichkeit ist das Einhalten von mündlichen und schriftlichen Versprechungen wissend dass man im Alltag sehr viel mehr Versprechen abgibt, als einem in der Regel bewusst ist (z. B. »ich melde mich wieder«).

2. *Jeder hält seine Versprechungen ein*

Der ehrbare Aufsichtsrat hält seine mündlichen und schriftlichen Versprechungen ein. Er ist glaubwürdig. Sowohl im Großen als auch im Kleinen (»ich rufe zurück«). Wenn dieses Versprechen wiederholt nicht eingehalten wird, kann kein (Fremd-)Vertrauen entstehen. So unbedeutend es im Einzelfall auch zu scheinen mag.
Oder wie der US-amerikanische Unternehmer Jean Paul Getty (1892 – 1976) es formulierte »Wenn man einem Menschen trauen kann, erübrigt sich ein Vertrag. Wenn man ihm nicht trauen kann, ist ein Vertrag nutzlos«. Jeder ehrbare Aufsichtsrat muss dazu beitra-

gen, Vertrauen (wieder) zu gewinnen und zwar in einem richtigen Maß, denn zuviel Vertrauen ist wie bitter in der letzten Finanzkrise gelernt, auch nicht zielführend. Jeder kann dazu beitragen. Jeder kann nachhaltig sein. Jeder muss wieder Vertrauen haben und Vertrauen geben. Jeder muss intensiv und schnell daran arbeiten, dass auch und gerade seiner eigenen Person wieder mehr vertraut wird.

3. Jeder investiert in seine Vertrauenswürdigkeit

Der ehrbare Aufsichtsrat paart sein fachliches Selbstvertrauen mit seinem ethischen Selbstvertrauen. Der ehrbare Aufsichtsrat investiert in die persönliche unternehmerische Vertrauenswürdigkeit. Sein Ur-Vertrauen reicht ihm nicht aus. Der ehrbare Aufsichtsrat hat eine klare Sinn- und Werte-Orientierung als Basis seiner nachhaltigen Unternehmensführung.

4. Jeder achtet Vertrauen als einen Vermögenswert

Der ehrbare Aufsichtsrat weiß, dass Glaubwürdigkeit und Vertrauen in einem Unternehmen nicht umsonst als ›Glaubwürdigkeitskapital‹ (Reputation) oder ›Vertrauenskapital‹ bezeichnet wird. Er weiß, dass das Fehlen von Glaubwürdigkeit gelegentlich eine größere Bedeutung als das Fehlen von Eigen- und/oder Fremdkapital haben kann. »Der Kunde von heute kauft Glaubwürdigkeit«. Oder um den US-amerikanischen Schriftsteller Henry Louis Mencken (1880–1956) zu zitieren: »Vertrauen ist das Gefühl, einem Menschen sogar dann glauben zu können, wenn man weiß, dass man an seiner Stelle lügen würde«.

5. *Jeder kennt die Grenzen von Vertrauen*

Jeder ehrbare Aufsichtsrat weiß, dass Vertrauen und Glaube grundsätzlich riskant ist. »Der völlige Verzicht auf Hoffnung ist das, was das Unheil nur beschleunigen kann. Eines der Elemente, die das Unheil verzögern können, ist der Glaube daran, dass es abwendbar ist« erklärte uns schon der deutsch-amerikanische Philosoph Hans Jonas (1902–1993). Selbst ausgeklügelte Compliance-Systeme ändern daran nichts. Vertrauen ist riskant, weil es immer auf die Zukunft gerichtet ist. Genau wie ein Kredit riskant ist, weil man darauf vertraut, dass man seinen gegebenen Vorschuss zurückbekommt. Man läuft Gefahr auf Kosten der Zukunft zu leben, wenn man sein Geld/seinen Vorschuss nicht zurückbekommt. Im Gegensatz zur Nachhaltigkeit, wo nicht auf Kosten der Zukunft agiert wird.

»*Wenn Sie dem Vorstandsvorsitzenden
Ihre Kinder nicht anvertrauen, falls Ihnen
etwas zustoßen sollte, dann sollten Sie
die Einladung, Beirat oder Aufsichtsrat zu
werden, nicht annehmen.*«

Armando Codina (*1967),
amerikanischer Unternehmer und Investor

KAPITEL K

Tugend 6 – Hoffnung / Zukunft

»Hoffnung ist nicht die Überzeugung, dass etwas gut ausgeht, sondern die Gewissheit, dass etwas einen Sinn hat, egal wie es ausgeht.«

Václav Havel (1936–2011),
tschechischer Dramatiker und Politiker

I. Was bedeutet Hoffnung / Zukunft?

Hoffnung ist eine der drei christlichen Tugenden und bezeichnet das umfassende emotionale und (unter Umständen) handlungsleitende Vertrauen und die Ausrichtung auf die Zukunft (Zuversicht). Oder in den Worten des evangelischen Reformators, Martin Luther (1483–1546) »alles, was in der ganzen Welt geschieht, geschieht in Hoffnung«. Berechtigte Hoffnung gibt aktuellem Handeln motivierende Kraft für jetzt und für später. Ist die Hoffnung nicht berechtigt, spricht man von einer Illusion (falsche Wahrnehmung der Wirklichkeit). Hoffnung ist eine zuversichtliche persönliche Einstellung, gepaart mit einer positiven Erwartungshaltung, dass sich etwas in der Zukunft zum Guten wenden wird, ohne dass wirklich Gewissheit darüber besteht. »Ohne Hoffnung geht es einfach nicht weiter«. Hoffnungskompetenz ist also auch Handlungskompetenz.

Zukunft ist die Zeit, die subjektiv gesehen der Gegenwart nachfolgt. Oder wie es der deutsche Komiker Karl Valentin (1882–1948) pointiert: »Früher war die Zukunft besser«. Ohne Vertrauen in die Zukunft ist Wirtschaften nicht möglich. Aber dieses Vertrauen in die Zukunft muss hoffnungsvoll aktiv gestaltet werden. Es erfordert jetziges Denken und Handeln. »Es wird schon alles gut und nicht so schlimm werden« ist in anbetracht unserer aktuellen zahlreichen Probleme z. B. in den Bereichen Weltfrieden und Menschenrechte, Energie und Umwelt, Bevölkerungswachstum und Finanzmarkt keine Entschuldigung für zögerliche und verschleppte Entscheidungen. Eine glückliche Zukunft basiert auf einer werte-orientierten Herkunft und zukunftsfähigem Führungsverhalten. Nur auf dieser Basis ist eine nachhaltige Unternehmensführung möglich. Nachhaltige Unternehmensführung ist ein langfristig ausgerichtetes, wertebasiertes und gegenüber Mensch und Umwelt Verantwortung forderndes, gelebtes Konzept und bedarf wie alle Zielsetzungen und Strategien ein Umsetzungscontrolling und ein Risiko- und Integritätsmanagement. »Wie schön die Strategie auch sein mag, man sollte hin und wieder mal die Ergebnisse betrachten« wusste schon der britische Politiker Winston Churchill (1874–1965).

II. Was bedeutet die Tugend Hoffnung / Zukunft für den ehrbaren Aufsichtsrat?

1. Jeder hat ein zukunftsfähiges Führungsverhalten

Das Verhalten und die Entscheidungen des ehrbaren Aufsichtsrats fördern und stärken die Zukunft des

Unternehmens. Nachhaltige Unternehmensführung kann nur mit zukunftsfähigem (Führungs-) Verhalten erreicht werden, d. h. das Verhalten des ehrbaren Aufsichtsrats muss zukunftsfähig sein. Zukunftsfähiges Führungsverhalten muss klar, konsequent, nachvollziehbar und authentisch sein.

2. Jeder übernimmt unternehmerische Verantwortung

Ein ehrbarer Aufsichtsrat muss für sich und für sein Unternehmen Verantwortung übernehmen. Er zögert Entscheidungen nicht hinaus. Seine Entscheidungen trifft er auf der Basis einer Reflexion von vereinbarten Werten zum Erhalt des Unternehmens unter Berücksichtigung gegenwärtiger und zukünftiger Risiken. Er enthält sich nur in begründeten Fällen einer Entscheidung.

Er überlässt unternehmerische Entscheidungen nicht fremden Gutachtern bzw. vermeintlichen Experten. Der ehrbare Aufsichtsrat akzeptiert seine Rolle als Verantwortungsträger. Mit seiner positiven Grundeinstellung und seinen positiven Gefühlen meistert er komplexe Situationen und stärkt schon heute die Zukunft des Unternehmens. Sein Pflichtbewusstsein ist Vorbild für andere.

3. Jeder setzt sich für ein Nachhaltigkeitsmanagement ein

Ein strategisches Nachhaltigkeitsmanagement ist keine Parallelwelt oder getrenntes Planungsszenario. Nachhaltigkeit muss in der DNA des Unternehmens verwoben sein. Demzufolge rücken die wesentlichen Bestandteile eines Nachhaltigkeitsmanagement wie ein Risikomanagement und die zukunftsfähige Unternehmensstrategie enger zusammen. Der ehrbare Aufsichtsrat ist als oberster Hüter der Corporate Governance für die Einrichtung dieses Nachhaltigkeitsmanagements im Unternehmen in Größe, Komplexität und Umfang zwingend verantwortlich – auch wenn die Gestaltungsverantwortung und die Sorgfaltspflicht der Unternehmensleitung in Person des Vorstands hierfür bestehen bleibt.

4. Jeder erlaubt auch eine Fehlerkultur

Wo immer Menschen zusammenkommen und agieren, entwickelt sich ein bestimmter Umgang mit Fehlern oder wie es die US-amerikanische Schriftstellerin Pearl S. Buck (1892–1973) formulierte: »Die großen Tugenden machen einen Menschen bewundernswert, die kleinen Fehler machen ihn liebenswert«. Das bedeutet für den ehrbaren Aufsichtsrat, dass seine Führungsfreude auch eine Fehlerkultur (Fehlermanagement) erlauben muss (›Melden macht frei‹). Er und vor allem das Unternehmen kann mit unternehmerischen Fehlern, Fehlerrisiken und Fehlerfolgen umgehen. Er stärkt ein effizientes und effektives Fehlermanagement bzgl. der Erfassung, Bewertung und Bereinigung von unternehmerischen und menschlichen Fehlern. Ganz im Sinne von »Ein guter Chef macht nicht alle Fehler selbst. Er gibt auch Mitarbeitern eine Chance«.

5. *Jeder unterstützt das Risiko- und Integritätsmanagement*

Trotz aller Hoffnung auf eine positive Zukunft lebt jeder ehrbare Aufsichtsrat ein angemessenes Risiko- und Integritätsmanagement gepaart mit einem angepassten Compliance-Management. Er ermöglicht ein ausgeprägtes Risikomanagement (einschließlich funktionstüchtigem Internen-Kontroll-System und einer wirksamen Internen-Revisions-Funktion) und ein zukunftsicherndes Reputations- und Ethikmanagement. Dies ist nicht (nur) die Aufgabe der Mitglieder der entsprechenden Aufsichtsrats-Ausschüsse sondern eines jeden Aufsichtsrats. »Es dauert 20 Jahre, um einen guten Ruf aufzubauen, und nur fünf Minuten, um ihn zu ruinieren«, sagte der US-amerikanische Großinvestor Warren Buffett (*1930).

*»Mein Sohn, sei mit Lust bei den Geschäften
am Tage, aber mache nur solche,
dass wir bei Nacht ruhig schlafen können!«*

Aus dem Roman ›Die Buddenbrooks‹ von
Thomas Mann (1875–1955), deutscher Schriftsteller

KAPITEL L

Tugend 7 – Liebe / Respekt

*»Macht brauchst Du nur,
wenn Du etwas Böses vorhast. Für alles
andere reicht Liebe um es zu erledigen.«*

Charlie Chaplin (1889–1977),
britischer Komiker

I. Was bedeutet Liebe und Respekt?

Liebe ist eine der drei christlichen Tugenden und meint vor allem die Liebe in Bezug auf Gott und die Liebe zum Nächsten. »Du sollst Deinen Nächsten lieben wie Dich selbst« ist ein zentraler Glaubenssatz. Im Allgemeinen ist Liebe die Bezeichnung für die stärkste Zuneigung und tiefste Wertschätzung, die ein Mensch einer anderen Person oder Dingen, Tätigkeiten oder Ideen entgegenzubringen in der Lage ist.

Liebe enthält nach dem Stuttgarter Philosoph Georg Wilhelm Friedrich Hegel (1770–1831) immer auch »die Idee der wechselseitigen Anerkennung«. »Ohne Achtung gibt es keine wahre Liebe« erkannte schon der deutsche Philosoph Immanuel Kant (1724–1804).

Respekt (Achtung, Anerkennung, Zurückschauen, Rücksicht, Freundlichkeit, Disziplin) bezeichnet eine Form der Wertschätzung, Aufmerksamkeit und Ehrerbietung gegenüber einer anderen (Respekts-) Person oder einer Institution. Der Respekt von oben nach unten muss erbracht werden. Der Respekt von unten nach oben muss verdient werden.

Respekt und Liebe sind unzertrennlich. »Die Anerkennung, das Lob der anderen, stärkt unser Selbstwertgefühl. Es gibt Schwung für neue Aktivitäten. Aber man muss auch selbst die Kraft in sich haben, andere anzuerkennen. Und das sollte man öfter tun. Es macht den Umgang untereinander leichter« wusste schon die deutsche Verlegerin Anna Magdalena Burda (1909–2005).

Ein wichtiges Element des Respekts ist die Verschwiegenheit: die Fähigkeit und Fertigkeit, vertraulich mit Informationen in Wort und Schrift umzugehen (nicht nur bei ›als geheim‹ gekennzeichneten Inhalten). Verschwiegenheit bedeutet Diskretion und ist abzugrenzen von einer natürlichen Wortkargheit. Sie erfordert eine bewusste Selbstbeherrschung und Selbstdisziplin.

II. Was bedeutet die Tugend Liebe / Respekt für einen ehrbaren Aufsichtsrat?

1. Jeder respektiert jeden

Der ehrbare Aufsichtsrat hat stets Respekt gegenüber Kollegen, Mitarbeitern und anderen Menschen. Er ist höflich, großzügig und am Wohl anderer orientiert. Er hat Respekt gegenüber den vorhandenen Regeln und Vorschriften. Sein Handeln ist von Respekt und Verlässlichkeit geprägt; sei es in der Sache oder im menschlichen Miteinander. Der ehrbare Aufsichtsrat liebt Menschen (und nicht Macht und Geld) und begegnet ihnen auf Augenhöhe.

2. Jeder liebt und begeistert sein Unternehmen

Der ehrbare Aufsichtsrat kann sich jederzeit mit dem Unternehmen, dessen Erfolg und den Belangen seiner Mitarbeiter und Kunden identifizieren. Gegenseitige Hilfe und Respekt lebt er vor und fördert dadurch Kreativität und Veränderungsbereitschaft in ›seinem‹ Unternehmen. ›Die Moral der Mannschaft‹ und ›Friedensliebe‹ sind ihm wichtig. Er ist stolz auf die ›Kultur seines Unternehmens‹. »Erfolge werden nicht erzielt, wenn man durch Druck regiert; nur die Begeisterung, die man bei seinen Mitarbeitern erzeugt, führt zur echten Leistung« wusste schon der deutscher Unternehmer Herbert Quandt (1910–1982). Der ehrbare Aufsichtsrat ist mit voller Begeisterung und Enthusiasmus dabei. Er hat eine positive und gute Einstellung und erfüllt seine Aufgaben und Pflichten mit ganzem Herzen und voller Begeisterung. Er ist offen für die Wunder unserer Zeit. Oder wie Sebastian Hakelmacher (alias Prof. Dr. Eberhard Scheffler) es ironisch bezeichnet: »Aufsichtsräte glauben nicht an Wunder – sie verlassen sich auf sie.«

3. Jeder ist verschwiegen

Der ehrbare Aufsichtsrat wahrt Betriebsgeheimnisse und kommt stets seiner Verschwiegenheitspflicht nach (vgl. DCGK 3.5). Verrat gegenüber sich und seinem Unternehmen ist ihm fremd. Auch ohne dass ausdrücklich darum gebeten wird, ist es für ihn selbstverständlich, manches Wissen für sich zu behalten. Gepaart mit einem Taktgefühl. »Nicht alles, was wahr ist, muss man auch sagen«.

4. Jeder investiert in Menschen

›Humankapital‹, ›Sozialkapital‹, ›Intellektuelles Kapital‹ oder ›Humanvermögen‹. Begriffe, die alle auf einer zentralen Grunderkenntnis aufbauen: Bildung und Erfahrung von Menschen ist betriebswirtschaftlich langfristig ertragsreicher als Investitionen in ›physisches Kapital‹ wie Geld oder Sachwerte. Der ehrbare Aufsichtsrat führt nach dem 4-M-Prinzip: »Man Muss Menschen Mögen«. Der ehrbare Aufsichtsrat fördert die Würde und investiert in die Mitarbeiter des Unternehmens von heute um die unternehmerische Zukunft und Werte von morgen zu gewährleisten. Er sichert somit den nachhaltigen Unternehmenserfolg.

5. *Jeder lebt seine persönliche Disziplin*

Aufgrund seiner Liebe zu seinem Unternehmen und dem Respekt zu den Menschen lebt der ehrbare Aufsichtsrat seine persönliche Disziplin. Mit Freundlichkeit begegnet er dem Problem, wenn ihn nicht jeder sofort versteht und mit seinen Vorstellungen oder seiner Meinung konform geht. Er weiß, dass trotz seiner Talente und seiner Kompetenzen ohne Selbstdisziplin nichts voran geht. Mit Selbstdisziplin und mit Selbstbeherrschung hält er unbeirrt an seinen Zielen und seinen Vorgaben fest. Er weiß, wann seine Aufsichtsratstätigkeit enden sollte und er das Mandat niederlegt oder nicht mehr verlängert. Folgend dem Rat des prophetischen Reformator Zarathustra (vermutlich 628 v. Chr. – 551 v. Chr.) »In jedem Anfang liegt schon das Ende.«

*»Erzieht eure Kinder zu Tugend.
Nur sie macht glücklich.«*

Ludwig van Beethoven (1770–1827),
deutscher Komponist

KAPITEL M

Wir können stolz auf unsere ehrbaren Aufsichtsräte sein

*»Wohl geachtet ist der Mann,
dessen Maß Rechtschaffenheit ist
und dessen Wandel sich danach richtet«.*

Ptahhotep (ca. 2.650 v. Chr.),
Wesir des Pharaos Esse der 5.

Ehrbarkeit ist in der deutschen Wirtschaft weit verbreitet. Immer mehr und insbesondere jüngere Führungskräfte bekennen sich zu einer klaren Sinn- und Werte-Orientierung und verabschieden sich von Arroganz, Hochmut, Geiz, Genusssucht, Zorn, Völlerei, Neid und Veränderungsträgheit.

Eine transparente, verantwortungsvolle und nachhaltige Unternehmensführung gewinnt zunehmend einen immer höheren gesellschaftlichen Stellenwert. Die Anzahl der deutschen, ehrbaren Aufsichtsräte und Beiräte innerhalb der mehrere tausend Personen umfassenden Mitglieder aller Aufsichtsgremien wie Aufsichtsrat, Beirat oder Stiftungsrat wächst kontinuierlich.

Eine ganz besondere Rolle und Verantwortung haben dabei die Vorsitzenden eines Aufsichtsgremiums. Ehrbare Aufsichtsratsvorsitzende kennen die ›Spielregeln der Ethik‹ am besten und führen andere sicher zum Erfolg. Sie übernehmen zusammen mit jedem einzelnen Aufsichtsmitglied die Verantwortung für Misserfolge. Erfolge werten sie als das Ergebnis des gesamten unternehmerischen Teams und empfinden dabei Glück. Dieses Glück erwächst aus ihren Tugenden wie Tapferkeit, Mäßigung, Klugheit, Gerechtigkeit, Glaube, Hoffnung und Liebe. »Glück ist, was passiert, wenn Vorbereitung auf Gelegenheit trifft« erkannte schon der römische Philosoph Seneca (ca. 4 v. Chr. – 65 n. Chr.).

Ehrbare Aufsichtsratsvorsitzende gewährleisten eine Vielfalt der Persönlichkeiten und der fachlichen Kompetenzen im Gremium. Ganz im Sinne des österreichisch-britischen Philosophen Karl Popper (1902 – 1994) »Der Wert eines Dialogs hängt vor allem von der Vielfalt der konkurrierenden Meinungen ab«.

Sie sichern eine transparente und ausreichende Informationsversorgung und Kommunikation im Gremium. Sie sind das ›Vorbild der Vorbilder‹. Ganz nach dem griechischen Philosophen Sokrates (469 v. Chr. – 399 v. Chr.) »Wohlan, welche sind wohl *unter uns tugendhafte* Leute gewesen, damit wir untersuchen können, ob sie es sind, die andere Menschen *tugendhaft* machen?«

Im Rahmen der gesetzlichen Vorschriften und gesellschaftlichen Rahmenbedingungen und der Sinn- und Werte-Orientierung ihrer Unternehmen kommen ehrbare Aufsichtsräte ihren Mandatsverantwortlichkeiten professionell, unabhängig und selbstbestimmt nach. »Ein Mann muss immer streben, unabhängig in sich dazustehen« formuliert es schon der deutsche Staatsmann Wilhelm von Humboldt (1767 – 1835).

Sie sind dabei bescheiden und weise und ausschließlich dem Wohl ihrer Unternehmen verpflichtet. Sie agieren meist im Hintergrund und nicht in der ersten Reihe oder gar in der Öffentlichkeit. So wie der chinesische Philosoph Laotse (ca. 6. Jahrhundert v. Chr.) es schon formulierte: »Wer Menschen führen will, muss hinter ihnen gehen«.

Ehrbare Aufsichtsräte sind besonnen und willensstark, zurückhaltend und furchtlos. Sie tun, was getan werden muss. Sie haben einen ausgeprägten Entscheidungswillen und übernehmen unternehmerische und gesellschaftliche Verantwortung. Sie leben nach der Maxime, nie Risiken einzugehen, die im ›Worst Case‹ nur auf Kosten anderer ›gesettled‹ werden, sondern höchstens auf eigene Kosten zu Lasten des eigenen unternehmerischen Vermögens – selbst als systemrelevantes Unternehmen. Ehrbare Aufsichtsräte sind integer und zuverlässig. Sie haben eine glaubwürdige Zielsetzung mit einem klaren Implementierungsplan. Sie stehen für das ein, was sie glauben, was richtig ist, und sie tun »das Richtige richtig«, auch wenn es manchmal hart ist. Schon der britische Schriftsteller Peter Ustinov (1921–2004) wusste »Um sanft, tolerant, weise und vernünftig zu sein, muss man über eine gehörige Portion Härte verfügen«.

Ehrbare Aufsichtsräte lassen sich nicht in Versuchung bringen und arbeiten an ihren eigenen Fehlern und Unzulänglichkeiten. Sie wollen stets besser werden. »Wer aufhört besser zu werden, hat aufgehört gut zu sein«

erkannte schon der britischen Politiker Oliver Cromwell (1599–1658). Ehrbare Aufsichtsräte sind stets ein leuchtendes Vorbild.

Ehrbare Aufsichtsräte sind ehrbare Kaufleute und Unternehmer. Sie handeln als Unternehmer im Einklang mit der Gesellschaft. »Nur Unternehmer überwachen Unternehmer«. Somit haben sie auch bei schwierigen Problemen und Fragen ehrbare Ansichten und Antworten wie z. B. in folgenden ethischen Bereichen
- Nationale und internationale Steuervermeidungspraktiken (bspw. Steuer-Oasen wie Holland oder Cayman Islands)
- Diskriminierung von nationalen oder internationalen Beschäftigten (z. B. Gender, Kultur, Alter)
- Bestechung und Korruptionspraktiken (z. B. in Vertriebsländern mit diesbezüglich anderen Kulturen)
- Faire und transparente Preisgestaltung für Produkte und Leistungen (z. B. access to medicine, Tarif-Wirrwarr, Provisionsschinderei)
- Verschwiegenheits- und Vertraulichkeits-Maßstäbe (bspw. ›Durchstechen von Informationen‹)
- Belastungsgrad der nationalen und internationalen Mitarbeiter (i. S. einer work-life-balance, Handy-Erreichbarkeit im Urlaub)
- Behandlung der Lieferanten (inkl. faires Pricing) und Wissen über die Lieferanten (z. B. Bangladesch).

Insgesamt sind sie in allen Aspekten unabhängig und haben den Mut zum Ansprechen von »Negativ-Ereignissen« und unternehmerischen Falschentwicklungen. Sie können sich selbst und ihre bisherigen Entscheidungen auf den Prüfstand stellen, wie schon der deutsche Dramatiker Christian Friedrich Hebbel (1813–1863) erkannte: »Es gehört oft mehr Mut dazu, seine Meinung zu ändern, als ihr treu zu bleiben.«

Sie sind konflikt- und konsensfähig. Sie begrüßen Evaluation ihrer eigenen Person durch andere (»Wer sind die Wächter der obersten Wächter«?) und akzeptieren persönliche Haftung. Ehrbare Aufsichtsräte kennen den Unterschied zwischen legal und legitim.

Ehrbare Aufsichtsräte professionalisieren sich und haben ein ausreichendes Zeitbudget für die Wahrnehmung ihrer Verantwortlichkeiten. Sie können zuhören und sind stets neugierig und innovativ. Kontinuierlich arbeiten sie an Verbesserungsprozessen und haben Spaß an der innovativen Weiterentwicklung ihrer Unternehmen. »Unzufriedene wollen Veränderung. Das Problem sind die Zufriedenen« pointierte es schon der deutsche Kabarettist Nico Semsrott (*1986).

Ehrbare Aufsichtsräte befähigen andere, die Zukunft des Unternehmens erfolgreich zu gestalten. Ehrbare Aufsichtsräte verbinden ihr fachliches Selbstvertrauen mit ihrem ethischen Selbstvertrauen. Sie wissen, dass »Selbstvertrauen das erste Geheimnis des Erfolges ist«

(vgl. den US-amerikanischen Philosophen Ralph Waldo Emerson (1803–1882)) und leben ihr Vertrauen und ihre Sinn- und Werte-Orientierung in ihrem gesamtunternehmerischen Denken, in ihren Worten und in ihren Taten aktiv vor.

Ehrbare Aufsichtsräte halten ihre mündlichen und schriftlichen Versprechungen ein. Sie sind glaubwürdig und achten Vertrauen als Vermögenswert. Sie respektieren ihre Geschäftspartner und Kollegen und sie fördern die Würde der ihnen anvertrauten Menschen. Sie leben in Anstand – im Sinne von dem Schweizer Aphoristiker Paul Schibler (*1930) »Anstand ist Respekt vor der Würde des anderen«.

Ehrbare Aufsichtsräte haben die Fähigkeit zur (Eigen-) Reflexion, des Überdenkens und Unterbrechens, weil sie emotional, materiell und persönlich unabhängig sind. Unabhängigkeit bedeutet im Wesentlichen geistige Freiheit: Freiheit, die es jedem tapferen und mutigen Mitglied des Aufsichtsrats ermöglicht, ungestraft Kritik an den bestehenden Verhältnissen und agierenden Personen zu üben und auszusprechen. Sie kritisieren und widersprechen bei Bedarf auch ihrem Aufsichtsratsvorsitzenden und/oder dem Mehrheitsaktionär (einschließlich Vertretern von sogenannten Private Equity Häusern) zum Wohle des Unternehmens – ganz im Sinne des griechischen Staatsmanns Perikles (ca. 490 v. Chr. – 429 v. Chr.) »Das Geheimnis der Freiheit ist der Mut«.

Sie haben auch genügend Zeit und Ruhe anstehende komplexe Situationen und Probleme intensiv ›zu Überdenken‹. Sie bevorzugen das ›Vor‹-Denken. Wie die ›großen Unternehmer‹ vor ihnen denken sie, was vorher noch niemand gedacht hat. Beim ›Nach‹-Denken ist meist schon eine Situation oder Problem eingetreten und für eine optimale und gute Lösung ist es meist zu spät. ›Danach‹ erlaubt oft kein Agieren mehr, sondern nur noch ein Re-Agieren. Es ist passiert und danach kommen oft nur noch schlechte Nachrichten. Ehrbare Aufsichtsräte lieben es, in einem Geschäftsmeeting eher ›vor‹-zudenken als ›nach‹-zudenken. Auch wenn sie wissen, »auch Vordenker müssen zuerst nachdenken« (vgl. den Schweizer Journalist Walter Ludin (*1945)).

Ihre Selbstdisziplin und Selbstbeherrschung werden von allen bewundert. Ehrbare Aufsichtsräte handeln nach dem Grundsatz »unsere Wirtschaft muss den Menschen dienen und nicht der Mensch der Wirtschaft«.

»Wir können in Deutschland stolz auf unsere ehrbaren Aufsichtsräte sein«.

*»So ist's in alter Zeit gewesen,
So ist es, fürcht' ich, auch noch heut.*

*Wer nicht besonders aus erlesen,
Dem macht die Tugend Schwierigkeit.*

*Aufsteigend musst Du Dich bemühen,
Doch ohne Mühe sinkest Du,*

*Der liebe Gott muss immer ziehen,
Dem Teufel fällt's von selber zu.«*

Wilhelm Busch (1832–1908),
Deutscher Zeichner und Schriftsteller

NAMENSREGISTER

A
Hermann Josef Abs   105
Aristoteles   59

B
Günther Bachmann   31
Ambroce Bierce   100
Anselm Bilgri   48
Giovanni Boccaccio   43
Robert Bosch   107
Pearl S. Buck   122
Warren Buffett   123
Bund katholischer Unternehmer e.V.   27
Anna Magdalena Burda   130
Wilhelm Busch   147

C
Charlie Chaplin   127
Winston Churchill   120
Albert Camus   26
Armando Codina   115
Oliver Cromwell   142

D
René Descartes   57

E
Albert Einstein   63
Ralph Waldo Emerson   144
Walter Eucken   103

F
Facebook   93

G
Gordon Gekko   83
Jean Paul Getty   111

H
Rudolf Hagelstange   97
Sebastian Hakelmacher   131
Václav Havel   117
Christian Friedrich Hebbel   75, 143
Georg Wilhelm Friedrich Hegel   129
Alfred Herrhausen   25

Namensregister

I / J
Hans Jonas   113

K
Immanuel Kant   67, 129
Daniel Klink   38

L
Laotse   141
Wladimir Iljitsch Lenin   87
C. S. Lewis   69
Linkedin   93
Konrad Zacharias Lorenz   23
Walter Ludin   145
Martin Luther   119

M
Thomas Mann   125
Helmut Maucher   29
Henry Louis Mencken   113
Moliere   71

N
NEL (Ioan Cozacu)   5

O
Arend Oetker   33

P
Pabst Gregor der Große   50
Perikles   144

Platon   49, 55
Karl Popper   140
Ptahhotep   137

Q
Herbert Quandt   131

R
Rat für Nachhaltige Entwicklung   31
Joachim Ringelnatz   11
Eugen Roth   13

S
Paul Schibler   144
Arthur Schopenhauer   90
Eberhard Scheffler   131
Nico Semsrott   143
Seneca   140
Sokrates   45, 77, 140

T
Kurt Tucholsky   95

U
Peter Ustinov   141

V
Karl Valentin   91, 119
Ludwig van Beethoven   135
Georg Van Valkenberg   154
Ambrosius von Mailand   50
Vereinigte Nationen   26
Franz von Assisi   48

Namensregister

Marie Freifrau von Ebner-Eschenbach   79
Johann Wolfgang von Goethe   65
Wilhelm von Humboldt   140
Franz von Sales   35

W
Oscar Wilde   85

X
XING   93

Y
Youtube   93

Z
Zarathustra   133

RUDOLF X. RUTER

Diplom-Ökonom, Wirtschaftsprüfer und Steuerberater, verfügt über eine knapp 40-jährige Erfahrung auf den Gebieten Prüfung und Beratung sowohl von internationalen, nationalen Unternehmen als auch von Familienunternehmen und Unternehmen der öffentlichen Hand sowie von Non-Profit-Organisationen. Er ist Experte auf dem Gebiet der Nachhaltigkeit und (Public) Corporate Governance, dem Aufbau und der

Durchführung von Interner Revision sowie für interne Kontroll-, Risiko- und Reputationsmanagementsystemen. Nach seiner Tätigkeit als Gesellschafter und Geschäftsführer bei Arthur Andersen baute er als Partner bei Ernst & Young den Geschäftsbereich Nachhaltigkeit in Deutschland auf und leitete diesen bis 2010. Ruter war von 2008 bis 2013 Leiter des Arbeitskreises »Nachhaltige Unternehmensführung« in der Schmalenbach-Gesellschaft für Betriebswirtschaft e.V. Er ist u.a. Mitglied des Beirats Financial Experts Association e.V. und Mitglied des Kuratoriums im Deutschen CSR Forum. Er hat Bücher und zahlreiche Fachartikel u.a. zum Thema Nachhaltigkeit, Corporate Governance, Compliance, Aufsichtsräte/Beiräte und Unternehmensführung veröffentlicht (vgl. *www.ruter.de*).

Als Experte für Nachhaltigkeit und Corporate Governance beschäftigt er sich verstärkt mit Ethik und Ehrbarkeit in der Wirtschaft. Er ist überzeugt, dass Glaubwürdigkeit und Reputation die Währung unserer Zukunft ist.

»Leadership is doing what is right when no one is watching.«

Georg Van Valkenburg

Notizen

Notizen

Notizen

Notizen

Zeitschrift für Corporate Governance (ZCG)

Unternehmen professionell führen und überwachen

Lesen Sie die ZCG jetzt gratis zur Probe:
🌐 **www.ZCGdigital.de/info/**

Auf Wissen vertrauen

Erich Schmidt Verlag GmbH & Co. KG
Genthiner Str. 30 G · 10785 Berlin
Tel. (030) 25 00 85-225
Fax (030) 25 00 85-275
ESV@ESVmedien.de · www.ESV.info